ADULTOS PIANO

Adventures® *de Nancy y Randall Faber*

TODO-EN-UNO

Lecciones • Técnica • Teoría
Material de apoyo en línea

1

Traducido y editado por Isabel O. Bowen, Mintcho Badev,
Ana Cristina González Correa y Mauricio Ramírez

Coordinador de producción: Jon Ophoff
Portada e ilustraciones: Terpstra Design, San Francisco
Grabado y tipografía: Dovetree Productions, Inc.

FABER
PIANO ADVENTURES®

ISBN 978-1-61677-729-6

Contenido

¿Tocas el piano por primera vez?

En este libro encontrarás toda la información necesaria para un adulto que comienza a estudiar piano. Tenemos disponibles más de dos horas de videos que le darán una perspectiva profesional a tu entrenamiento musical. Además, con las pistas de audio de acompañamiento podrás sumergirte en un mundo sonoro de ritmos, melodías y armonías, aspectos esenciales del aprendizaje musical.

Aprende más con los videos de Randall Faber, pianista y pedagogo de talla mundial.

¿Retomando el piano?

Si ya has tomado clases de piano, este libro te servirá para refrescar la memoria. Puedes recorrer el *Libro 1* en poco tiempo, pero pon atención a los consejos en cada uno de los videos para lograr una comprensión más profunda y una mayor expresividad.

¡Ejercita el cerebro!

Las melodías, la teoría musical básica, la exploración creativa y la interpretación expresiva estimularán y enriquecerán tu mente.

Cómo usar este libro

Las lecciones están organizadas en 16 unidades. Cada una cubre un concepto nuevo y al mismo tiempo integra los conceptos y las habilidades anteriores.

Los conceptos musicales más importantes están resaltados con barras amarillas.

Encontrarás consejos para dar los primeros pasos en cada lección.

Las actividades de "descubrimiento" y "creación" impulsan el aprendizaje a fondo y refuerzan la creatividad.

Los acompañamientos opcionales para el profesor proporcionan un pulso estable y un sonido más lleno.

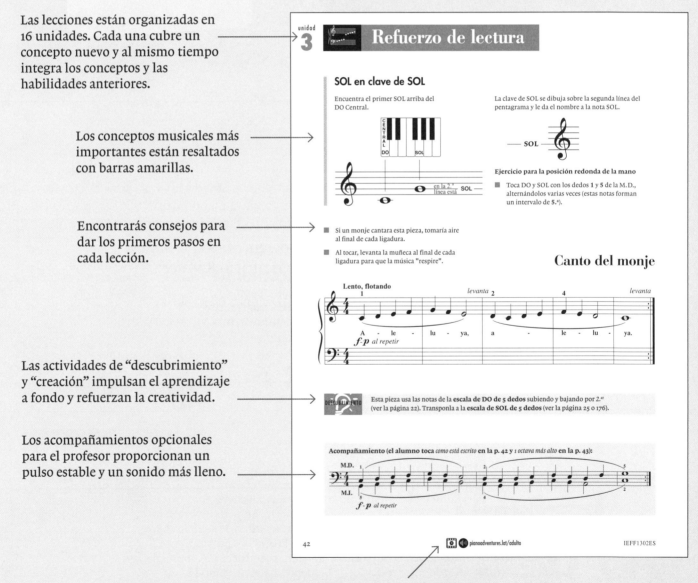

Cuando veas estos íconos, visita **pianoadventures.lat/adulto** para acceder a las pistas de audio y los videos de las páginas correspondientes.

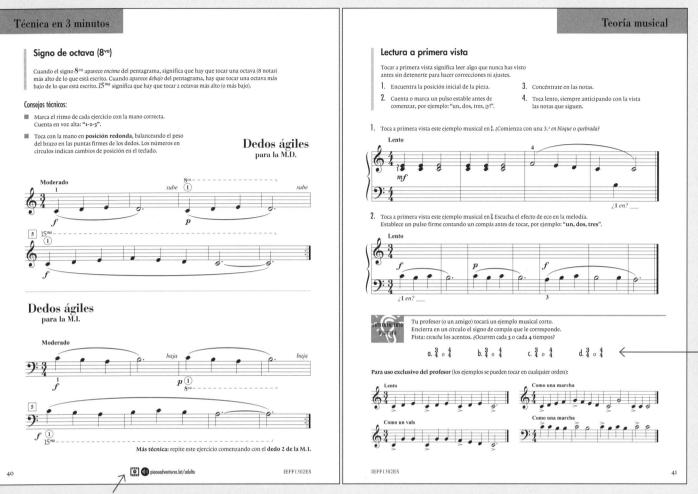

Las dos páginas superiores muestran ejemplos de las secciones "Técnica en 3 minutos" (página 40) y "Teoría musical" (página 41).

Todas las páginas de técnica tienen un video para observar los ejercicios en la práctica.

Escucha y aprende con los ejercicios de entrenamiento auditivo.

Al final de cada unidad encontrarás una página de "Técnica en 3 minutos" y otra de "Teoría musical". Las páginas de técnica ofrecen las bases para aproximarse físicamente de manera correcta al piano y desarrollan la destreza de los dedos. La teoría musical te ayudará a aprender acordes y armonía básica, y también a mejorar tu lectura musical.

Pistas de acompañamiento

Descarga la aplicación *Piano Adventures Player*® para acceder a pistas de acompañamiento interactivas con ajuste de velocidad. ¡Fácil y divertida de usar!

¡Expande tu repertorio!

Toca muchas canciones famosas adaptadas para tu nivel con nuestra serie de libros suplementarios para *Adultos Piano Adventures*. Elije entre tus géneros favoritos, incluyendo Popular, Clásico y Navidad.

Índice

Contenido 2
El piano 6

UNIDAD 1 Introducción al piano 8-27

distancia, altura, postura, posición de la mano, números de los dedos, pedal de resonancia, agudo y grave, f y p, ♩, ♩, ♩., ○, doble barra, nombres de las notas, intervalos, 2.ᵃˢ, 3.ᵃˢ, transposición, compás, escala de DO de 5 dedos, signo de repetición, mf, escala de SOL de 5 dedos, forma musical, patrones musicales, secuencias

Postura en el piano 8
Números de los dedos 9
Agudo y grave, Suave y fuerte en el teclado 10
Gotas de lluvia (M.D.), Truenos (M.I.) 11
Las mañanitas, La mañana 12
Tabla de ritmos 14
Las campanas del reloj 15
Canta los nombres 16
M.D. en DO-RE-MI, M.I. en DO-RE-MI 17
Ejercicio de intervalos para la M.D./M.I. 18
Melodía en DO-RE-MI 19
FA-SOL-LA-SI en el teclado, Transposición 20
Melodía en FA-SOL-LA 21
Ejercicio de calentamiento: escala de DO de cinco dedos 22
Ejercicio de calentamiento con 3.ᵃˢ 23
Himno a la alegría 24
TÉCNICA EN 3 MINUTOS 26
TEORÍA MUSICAL 27

UNIDAD 2 Notas en el pentagrama 28-41

pentagrama, sistema, claves de SOL y de FA, signo de compás (4/4, 3/4), acento, 2.ᵃˢ en el pentagrama, líneas adicionales, ligadura de prolongación, DO-RE-MI-FA Centrales en clave de SOL, DO-SI-LA Centrales en clave de FA, legato, lectura a primera vista

Sistema para piano 28
Clave de SOL y clave de FA 29
Ejercicio en 4/4 31
Ejercicio en 3/4 31
Melodías en 4/4 y 3/4 32
Ejercicio de calentamiento con 2.ᵃˢ 34
Catch a Falling Star 35
Ronda del abedul 37
Cabalgata a media noche 39
TÉCNICA EN 3 MINUTOS 40
TEORÍA MUSICAL 41

UNIDAD 3 Refuerzo de lectura 42-49

SOL en clave de SOL, SOL y FA en clave de FA, coda

Canto del monje 42
Canto de los monjes 43
Brillan las estrellas 44
Trompetas romanas 46
TÉCNICA EN 3 MINUTOS 48
TEORÍA MUSICAL 49

UNIDAD 4 Más lectura en el pentagrama 50-61

3.ᵃˢ en el pentagrama, silencio de negra (𝄽), D.C. al Fine, acorde de DO, silencio de blanca (▬), silencio de redonda (▬)

Camptown Races 51
Pequeña serenata nocturna 52
Tema de la Sinfonía del Nuevo Mundo 54
Ejercicio de calentamiento: acorde de DO mayor 56
Navidad, Navidad 57
Procesión real 58
TÉCNICA EN 3 MINUTOS 60
TEORÍA MUSICAL 61

UNIDAD 5 Más lectura en clave de FA 62-69

DO-RE-MI en clave de FA, reglas para las plicas, staccato, ritardando

Melodías en clave de FA 62
Tema de la Sinfonía "La sorpresa" 64
Danza húngara 65
Canción del pastor 66
TÉCNICA EN 3 MINUTOS 68
TEORÍA MUSICAL 69

UNIDAD 6 Corcheas 70-81

corcheas (♫), corchete, barra, mp, minuet, frase, crescendo, diminuendo, anacrusa, cifrado de acordes, calderón, acorde de DO mayor (C), acorde de Csus4, SI bajo el DO Central

Corchea 70
Minuet francés 71
La mañana 72
Taps 74
Cumpleaños feliz 75
Canción folclórica en DO 76
Gavota 77
Simple Gifts 79
TÉCNICA EN 3 MINUTOS 80
TEORÍA MUSICAL 81

UNIDAD 7 Espacios en clave de SOL 82-89

FA-LA-DO-MI en los espacios de la clave de SOL, acorde de FA mayor (F), arpegios con cruce de manos

Luna en el agua 82
Una melodía de 500 años 84
Toque de trompeta 86
TÉCNICA EN 3 MINUTOS 88
TEORÍA MUSICAL 89

UNIDAD 8 Escala de DO Alto de 5 dedos 90-95

DO-RE-MI-FA-SOL Altos, imitación

Danza de mayo 90
Marcha de los santos 91
Celebración africana 92
TÉCNICA EN 3 MINUTOS 94
TEORÍA MUSICAL 95

UNIDAD 9 Escala de SOL de 5 dedos 96-103

escala de SOL de 5 dedos, acorde de SOL (G), acorde de SOL con 4.ª suspendida (Gsus4)

Ejercicio de octavas 96
3 ejercicios con la escala de SOL de 5 dedos 97
Musette 98
Turkey in the Straw 99
Tema de Mozart 100
TÉCNICA EN 3 MINUTOS 102
TEORÍA MUSICAL 103

UNIDAD 10 Sostenidos y bemoles 104-115

semitono, sostenido (♯), bemol (♭), becuadro (♮), tono, escala mayor de 5 dedos (TTST)

Ejercicio con sostenidos 104
La banda del medio tiempo 105
Greensleeves 106
Ejercicio con bemoles 108
Romanza 109
Vals de *La bella durmiente* 110
La tormenta y el arcoíris 112
TÉCNICA EN 3 MINUTOS 114
TEORÍA MUSICAL 115

UNIDAD 11 Intervalos: 4.ᵃˢ, 5.ᵃˢ, 6.ᵃˢ 116-127

intervalos de cuarta, quinta y sexta (quebradas y en bloque)

Cuartas (4.ᵃˢ) y quintas (5.ᵃˢ) 116
Promenade 117
Cometas chinas 118
Danny Boy 119
Sonidos de la nueva era 120
Aria (de *Las bodas de Fígaro*) 121
Sexto sentido 122
The Lion Sleeps Tonight 123
De colores 124
TÉCNICA EN 3 MINUTOS 126
TEORÍA MUSICAL 127

UNIDAD 12 Escala de DO mayor 128-133

escala de DO mayor, tónica, dominante, sensible, movimiento paralelo y movimiento contrario

Dos ejercicios 128
Escala de DO mayor de una octava 129
Vive la France! 130
TÉCNICA EN 3 MINUTOS 132
TEORÍA MUSICAL 133

UNIDAD 13 Acorde de SOL con séptima 134-141

acorde de V7 (G7), sustitución de dedos

Acorde de SOL con séptima (G7) 134
Trompeta voluntaria 135
Cancán 136
Los patinadores 138
TÉCNICA EN 3 MINUTOS 140
TEORÍA MUSICAL 141

UNIDAD 14 Acordes básicos en DO mayor: I-IV-V7 142-153

acordes básicos: I-IV-V7, posición fundamental, inversión, alteraciones accidentales, lead sheet en DO mayor

Estudio de acordes básicos 142
Ejercicio con el acorde de IV en DO mayor 144
Primavera (de *Las cuatro estaciones*) 145
Tema del Concierto para trompeta 146
The Entertainer 148
Cielito lindo (*lead sheet*) 150
TÉCNICA EN 3 MINUTOS 152
TEORÍA MUSICAL 153

UNIDAD 15 Escala de SOL mayor 154-159

tónica, dominante, sensible, armadura de SOL mayor

Dos ejercicios 154
Escala de SOL mayor 155
Minuet en SOL 156
TÉCNICA EN 3 MINUTOS 158
TEORÍA MUSICAL 159

UNIDAD 16 Acordes básicos en SOL mayor: I-IV-V7 160-173

*acorde de V7 (D7), acorde de IV (C), lead sheet en SOL mayor, **pp***

Acorde de RE con séptima (D7) 160
Marcha de la guardia inglesa 161
Vals de la risa 162
Ejercicio con el acorde de IV en SOL mayor 165
Danza francesa 165
Danza polovtsiana 166
Porque él es un buen amigo (*lead sheet*) 168
Banuwa 170
TÉCNICA EN 3 MINUTOS 172
TEORÍA MUSICAL 173

Pieza de repaso:

El carnaval de Venecia 174

Escalas mayores de 5 dedos/Arpegios mayores 176

Glosario 180

5

EL PIANO

El piano es quizás el instrumento musical más célebre. Un piano acústico estándar tiene un rango de sonido que abarca desde el retumbante LA grave (la cuerda más larga) hasta el DO más agudo (la cuerda más corta), un rango dinámico desde el susurrante *pianissimo* (muy suave) hasta el poderoso *fortissimo* (muy fuerte) y una capacidad sin igual de tocar muchas notas de manera simultánea.

El piano es una verdadera orquesta al alcance de nuestros dedos. Desde su invención por Bartolomeo Cristofori, alrededor del año 1700, ha evolucionado para convertirse en un instrumento magnífico que tiene más de 10,000 partes.

Cuerdas – Las cuerdas de los pianos actuales están hechas de acero de alta tensión. Hay tres cuerdas por cada tecla, excepto en el registro grave donde hay dos cuerdas por tecla, o solamente una cuerda con entorchado de cobre. La altura del sonido depende de la longitud y la tensión de las cuerdas. Las notas más altas tienen cuerdas más cortas, mientras que las más bajas pueden tener cuerdas de más de 90 cm. Las cuerdas de los pianos de cola son horizontales. Los pianos verticales tienen cuerdas verticales para reducir el área que ocupa el instrumento.

Teclas – El teclado de un piano estándar tiene 88 teclas. Su mecanismo se parece a un balancín, donde cada tecla actúa como una palanca: al presionarla, un martillo en el otro extremo sube para golpear las cuerdas. En el momento del impacto, la tecla también levanta el apagador de las cuerdas y les permite continuar vibrando. Las teclas blancas, originalmente hechas de marfil, son de plástico en los pianos actuales. Las teclas negras, antiguamente de ébano, se fabrican usualmente de madera de peral teñida.

Martillos – Los martillos, cubiertos de fieltro, están debajo de las cuerdas. La velocidad del martillo al golpear la cuerda determina el volumen del sonido: más velocidad para tocar más fuerte y menos para tocar más suave.

Escape – El mecanismo de escape fue la característica más brillante y revolucionaria del piano de Cristofori: después de golpear las cuerdas, el martillo cae inmediatamente y les permite resonar. Este mecanismo fue perfeccionado a través de los años y hace posible, en los pianos modernos, tocar repeticiones rápidas de la misma nota.

Caja de resonancia – Situada debajo de las cuerdas (detrás de ellas en los pianos verticales), la caja de resonancia amplifica el sonido producido por la vibración de las cuerdas. El ambiente seco y los cambios extremos de temperatura pueden causar grietas en la caja de resonancia. El control de la humedad y una temperatura estable ayudan a preservarla en buen estado.

Pedales – Los pianos tienen dos o tres pedales. El pedal de resonancia (el pedal de la derecha) es el que más se usa. Al presionarlo se levantan los apagadores de las cuerdas y se mantiene el sonido hasta soltar el pedal. El pedal de resonancia nos ayuda a darle más expresividad a las melodías, más riqueza a las armonías y más brillo a los pasajes rápidos.

El pedal de *"una corda"* o "sordina" (pedal izquierdo) desplaza el teclado hacia la derecha para que los martillos golpeen una cuerda menos. Además de suavizar el sonido, este pedal produce un timbre más tenue y opaco.

Si un piano tiene pedal de *"sostenuto"*, es el pedal del medio. Este pedal mantiene el sonido de las notas cuyas teclas estaban hundidas en el momento de presionarlo (las notas que se tocan después no se mantienen). El pedal de *"sostenuto"* no es esencial para tocar el repertorio pianístico.

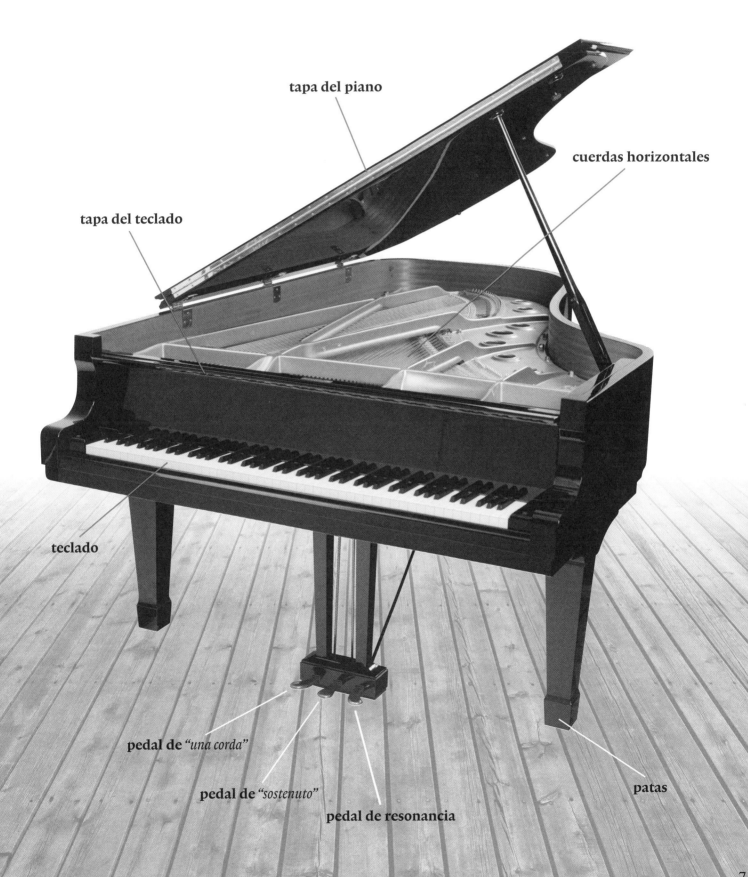

tapa del piano

cuerdas horizontales

tapa del teclado

teclado

pedal de *"una corda"*

pedal de *"sostenuto"*

pedal de resonancia

patas

Introducción al piano

Postura en el piano

Distancia

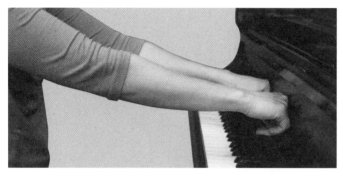

- Siéntate derecho en la parte delantera de la banca con el peso de tu cuerpo bien balanceado.

- Al extender tus brazos, **los nudillos deben llegar a la tapa del teclado**. Si tienes que inclinarte, ajusta la banca hacia adelante o hacia atrás.

Posición de la mano

posición REDONDA de la mano

el pulgar debe tocar la tecla con el lado de la uña

- Relaja los brazos y déjalos colgar libremente al lado del cuerpo. Fíjate en la **curva natural** de tus dedos.

- Ahora, pon suavemente las manos sobre las teclas. Mientras tocas, debes mantener las manos relajadas en una **posición redonda**.

Revisa la altura de la banca

1. Con los hombros relajados, pon las manos en las teclas.

2. **Tus antebrazos deben estar a la altura del teclado.** Si es necesario, ajusta la altura de la banca hacia arriba o hacia abajo.

hombros
relajados

antebrazos a la altura
del teclado

siéntate en la
parte delantera
de la banca

pies bien
apoyados
en el piso

pianoadventures.lat/adulto

IEFF1302ES

Números de los dedos — Cada dedo tiene un número: **1**, **2**, **3**, **4** y **5**. El pulgar es el dedo **1**.

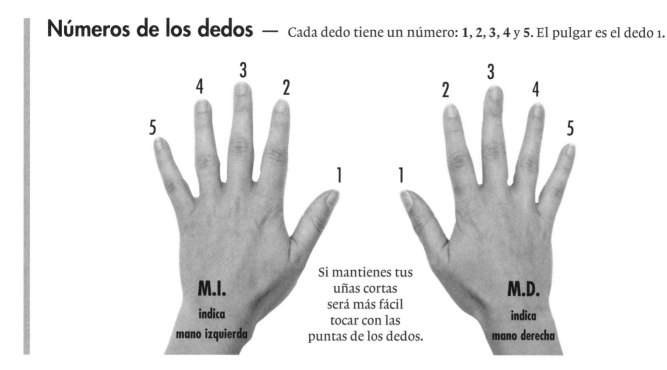

Si mantienes tus
uñas cortas
será más fácil
tocar con las
puntas de los dedos.

M.I.
indica
mano izquierda

M.D.
indica
mano derecha

Ejercicios para los números de los dedos

- Pon tus manos en *posición redonda* sobre las piernas.

  "Rasca" suavemente con tus dedos **1** (pulgares), dedos **2**, dedos **3**, dedos **4**, dedos **5**.

- Con la mano en **posición redonda** y con las **puntas de los dedos firmes**, elige cualquier tecla blanca y tócala con la MANO DERECHA usando el dedo 1, luego 2, 3, 4 y 5. Después hazlo al revés, comenzando con el dedo 5.

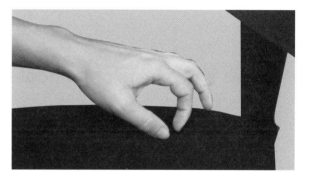

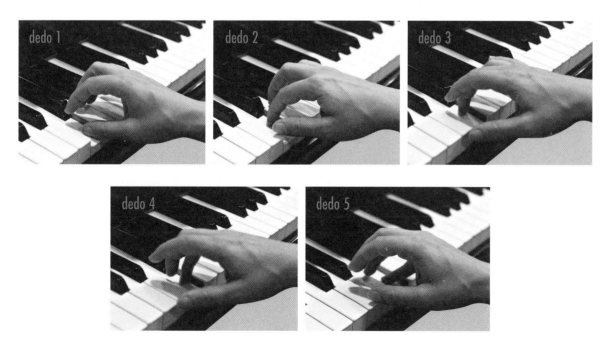

Pista: *el pulgar debe tocar con el lado de la uña.*

- Con la mano en posición redonda y con las puntas de los dedos firmes, elige cualquier tecla blanca y tócala con la MANO IZQUIERDA usando el dedo **1**, luego **2**, **3**, **4** y **5**. Después hazlo al revés.

Agudo y grave en el teclado

El TECLADO del piano tiene teclas blancas y negras.
Observa que las teclas negras forman grupos de **dos** y de **tres**.

■ Palpa en silencio todos los grupos de 2 teclas negras en el teclado.
Usa la M. I. para los grupos más graves y la M. D. para los grupos más agudos.

■ Ahora palpa en silencio todos lo grupos de 3 teclas negras en el teclado.
Usa la M. I. para los grupos más graves y la M. D. para los grupos más agudos.

■ Cierra los ojos. ¿Puedes encontrar un grupo de 2 teclas negras? ¿Y uno de 3 teclas negras?

GRAVE ⟵ **BAJA** — **SUBE** ⟶ **AGUDO**

suena cada vez más GRAVE   *suena cada vez más AGUDO*

Suave y fuerte en el teclado

Podemos tocar las teclas del piano con suavidad o con fuerza, dentro de un rango de matices
que permite mucha variedad. Empecemos con estos dos matices básicos:

piano — p	*forte* — f
"Suave" en italiano.	"Fuerte" en italiano.

■ Toca cualquier tecla AGUDA, primero *piano* (suave) y luego *forte* (fuerte).

■ Toca cualquier tecla GRAVE, primero *piano* y luego *forte*.

■ Toca cualquier tecla en el CENTRO del teclado, primero *forte* y luego *piano*.

 IEFF1302ES

Gotas de lluvia
para la M.D.

dedos 2-3 de la M.D. en un grupo de 2 teclas negras

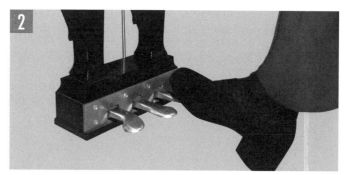

pedal de resonancia

1. Comienza y termina en el CENTRO del teclado. Usa los dedos **2** y **3** de la M.D. juntos. Toca los grupos de 2 teclas negras primero SUBIENDO (sonido cada vez más agudo) y luego BAJANDO (sonido cada vez más grave) por el teclado. Toca *piano*. Apóyate suavemente en las teclas.

2. Ahora toca y **presiona el pedal de resonancia** (pedal de la derecha) **durante todo el ejercicio.**
   Mantén el talón en el piso y el pie en contacto con la superficie del pedal. ¡Escucha el sonido!

Truenos
para la M.I.

dedos 2-3 de la M.I. en un grupo de 2 teclas negras

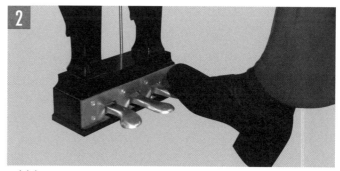

pedal de resonancia

1. Comienza y termina en el CENTRO del teclado. Usa los dedos **2** y **3** de la M.I. juntos. Toca los grupos de 2 teclas negras primero BAJANDO (sonido cada vez más grave) y luego SUBIENDO (sonido cada vez más agudo) por el teclado. Toca *forte*. Deja caer el peso del brazo para lograr un sonido profundo y resonante.

2. Ahora toca y **presiona el pedal de resonancia** (pedal de la derecha) **durante todo el ejercicio.**
   ¡Escucha el sonido!

 **DESCUBRIMIENTO** Toca *Gotas de lluvia* y *Truenos* con los dedos **2-3-4** en los grupos de **3 teclas negras.**

Repaso de los números de los dedos (ver la página 9) y desarrollo de la M.D. en teclas blancas.

- Los números debajo de la letra de la canción indican dedos de la M.I. Los números encima de la letra indican dedos de la M.D.

- Las líneas extendidas en la letra indican notas que se mantienen.

- Déjate guiar por tu oído para tocar esta famosa melodía tradicional.

Las mañanitas

Tradicional de México
adaptación

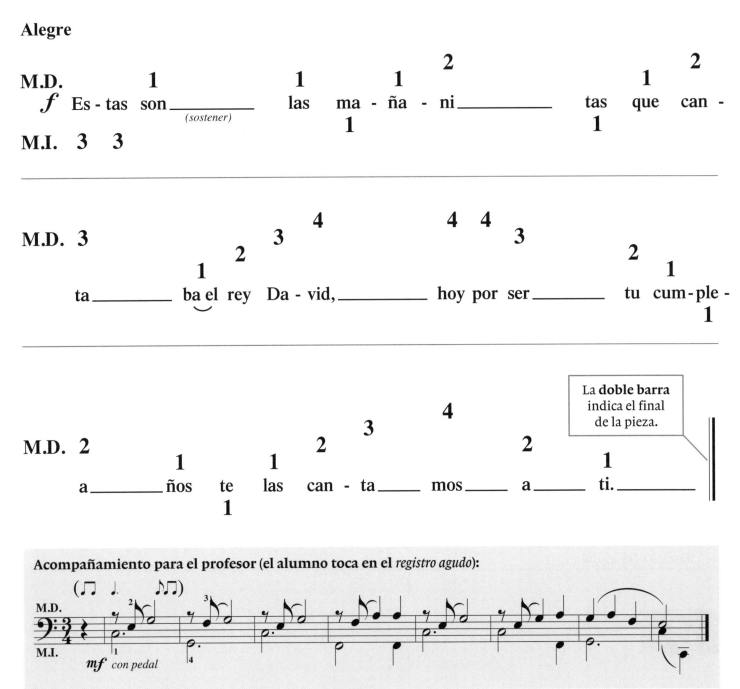

IEFF1302ES

Repaso de los números de los dedos (ver la página 9) y desarrollo de la M.I. en teclas negras.

- Los números debajo de la letra de la canción indican dedos de la M.I. Los números encima de la letra indican dedos de la M.D.

- Déjate guiar por tu oído para tocar esta famosa melodía clásica.

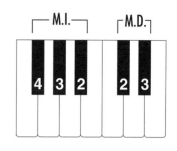

La mañana
(de *Peer Gynt, Suite No. 1*)

Edvard Grieg
(1843-1907, Noruega)
adaptación

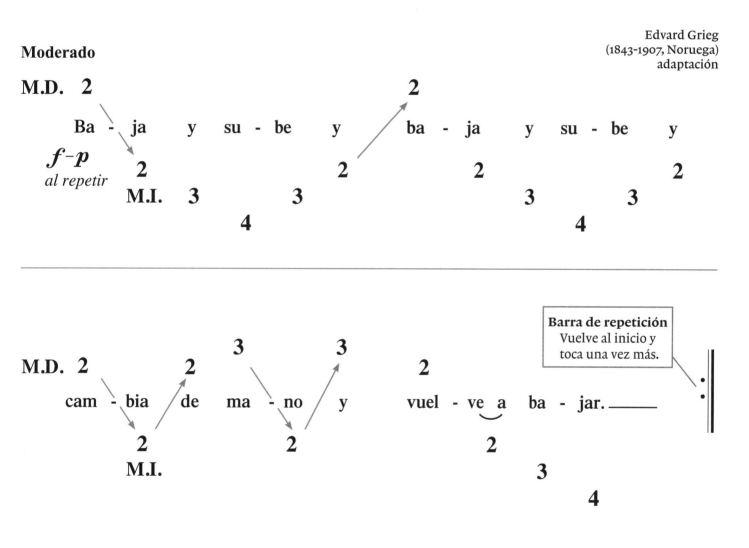

Ritmo

Las diferentes figuras musicales indican la duración del sonido.

Contadas con un pulso estable, estas duraciones crean RITMO.

Puedes usar un **metrónomo** para la tabla de ritmos abajo.

El metrónomo es un dispositivo rítmico que proporciona un pulso estable. Se puede configurar para obtener pulsos lentos o rápidos.

■ Marca la tabla de ritmos (en la tapa cerrada del piano o con las palmas) desde arriba hacia abajo, contando en voz alta. **Siente un pulso estable** (♩ = 100). Cada "clic" representa una negra.

■ En cualquier tecla blanca, toca las notas de la tabla de ritmos desde arriba hacia abajo, y luego desde abajo hacia arriba. Usa el dedo 3.

Figuras musicales	Tabla de ritmos
♩ **negra** cuenta: **1**	plica ——— cabeza — ♩ ♩ ♩ ♩ **1 1 1 1**
♩ **blanca** cuenta: **1 - 2**	plica ——— cabeza — 𝅗𝅥 𝅗𝅥 **1 - 2 1 - 2**
𝅗𝅥. **blanca con puntillo** cuenta: **1 - 2 - 3**	𝅗𝅥. ♩ **1 - 2 - 3 1**
𝅝 **redonda** cuenta: **1 - 2 - 3 - 4**	𝅝 **1 - 2 - 3 - 4**

IEFF1302ES

- Marca el ritmo de esta pieza sobre la tapa cerrada del piano.
  Usa la mano correcta para cada nota.

  M.I. = plica hacia abajo   **M.D.** = plica hacia arriba

- Mientras tocas en el *registro central* del piano, di o canta:
  a. los números de los dedos
  b. los pulsos dentro de cada nota

Manten el pedal derecho presionado durante toda la pieza.

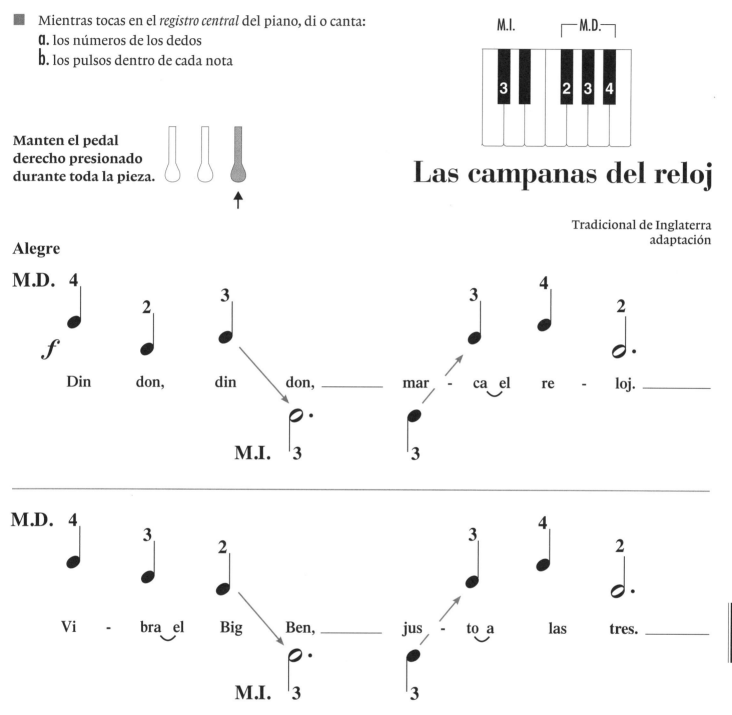

Las campanas del reloj

Tradicional de Inglaterra
adaptación

Alegre

Din   don,   din   don, _____ mar - ca el re - loj. _____

Vi - bra el Big Ben, _____ jus - to a las tres. _____

Nombres de las teclas blancas

Cada tecla blanca tiene el nombre de una nota musical: **DO RE MI FA SOL LA SI**

DO Central (el DO que está en el *centro* del teclado)

■ Toca y di en voz alta el nombres de las teclas blancas desde la *más baja* hasta la *más alta*.

Usa el dedo 3 de la M.I. para las notas más graves.

Usa el dedo 3 de la M.D. de DO Central en adelante.

■ Toca DO Central con la M.I.

■ Sigue subiendo, y luego bajando, con la M.D.

■ Para terminar vuelve a tocar DO Central con la M.I.

Canta los nombres

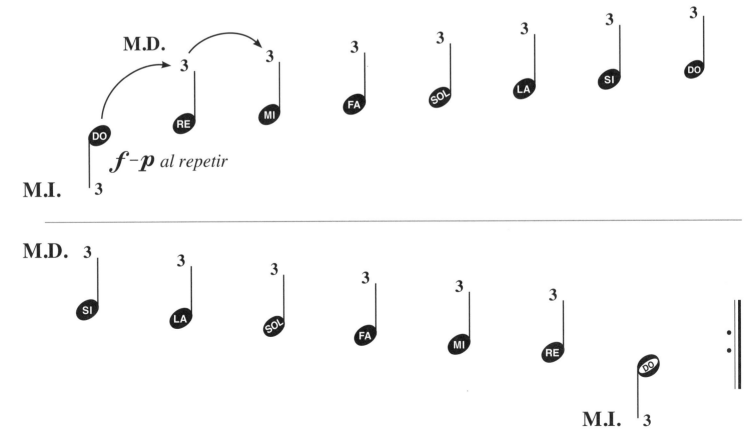

IEFF1302ES

Aprende DO-RE-MI

Usa los grupos de 2 teclas negras para encontrar DO-RE-MI.

Fíjate que el RE está entre las 2 teclas negras.

Comienza en el CENTRO del teclado y toca *piano* (***p***).
Con los **dedos 2-3-4 de la M.D.**, toca juntas las teclas de los grupos
DO-RE-MI, primero *subiendo* y luego *bajando* por el teclado.

DO-RE-MI
para la M.D.

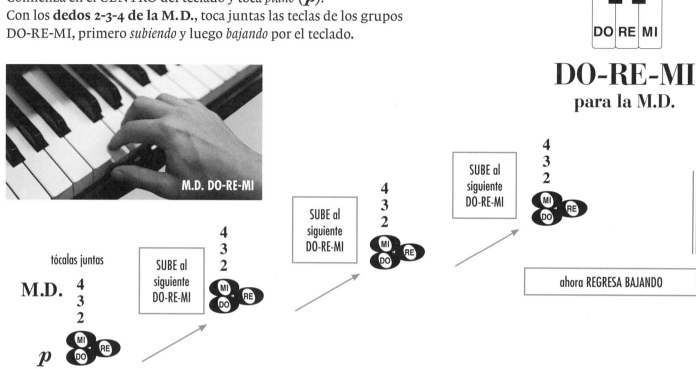

DO-RE-MI
para la M.I.

Comienza en el CENTRO del teclado y toca *forte* (***f***).
Con los **dedos 2-3-4 de la M.I.**, toca juntas las teclas de los grupos
DO-RE-MI, primero *bajando* y luego *subiendo* por el teclado.

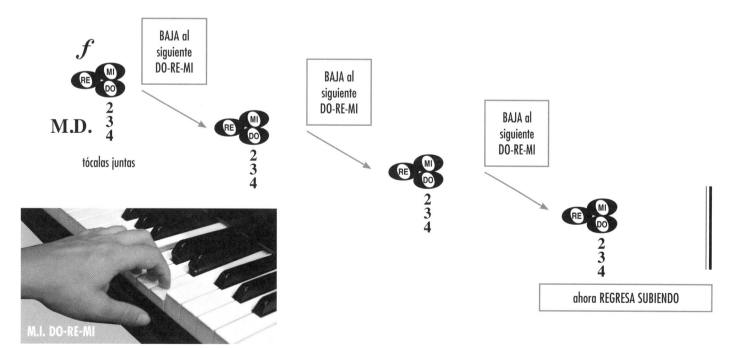

Intervalo

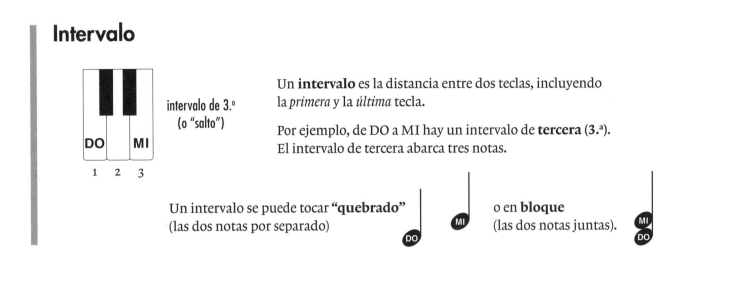

intervalo de 3.ª
(o "salto")

Un **intervalo** es la distancia entre dos teclas, incluyendo la *primera* y la *última* tecla.

Por ejemplo, de DO a MI hay un intervalo de **tercera** (3.ª). El intervalo de tercera abarca tres notas.

Un intervalo se puede tocar **"quebrado"** (las dos notas por separado)

o en **bloque** (las dos notas juntas).

Comienza en el CENTRO del teclado. Usa los **dedos 1-3 de la M.D.** Presiona el pedal de resonancia y toca el intervalo DO-MI primero *quebrado* y luego *en bloque*. Sigue subiendo por el teclado. Toca *forte* (f).

■ Repite con los dedos **2-4** de la M.D. en DO y MI.

Ejercicio de intervalos
para la M.D.

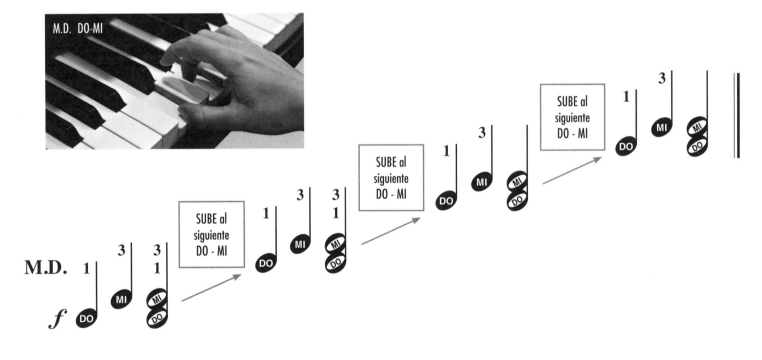

Ejercicio de intervalos
para la M.I.

Comienza en el CENTRO del teclado. Usa los **dedos 3-1 de la M.I.** Presiona el pedal de resonancia y toca el intervalo DO-MI primero *quebrado* y luego *en bloque*. Sigue bajando por el teclado. Toca *piano* (p).

■ Repite con los dedos **4-2** de la M.I. en DO y MI.

IEFF1302ES

- Marca el ritmo (con las palmas o en la tapa cerrada del piano), contando en voz alta.

- Mientras tocas en el *registro central* del piano, di o canta:
  a. los números de los dedos **b.** los nombres de las notas

  En las 3.ᵃˢ *en bloque*, di el número de dedo o el nombre de la nota de la tecla más alta.

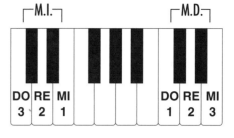

Melodía en DO-RE-MI

Tradicional de EE.UU.

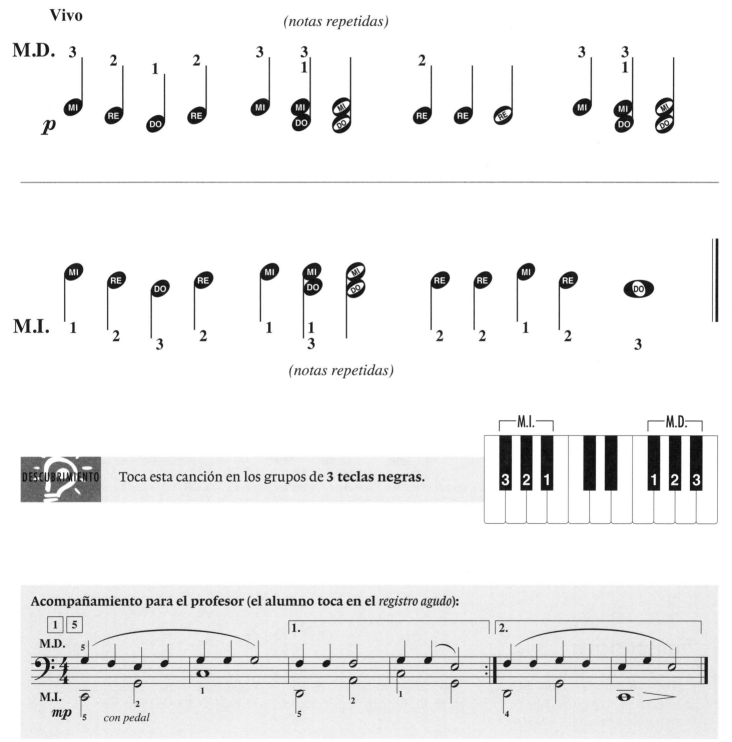

Aprende FA-SOL-LA-SI

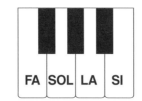

Usa los grupos de 3 teclas negras para encontrar FA-SOL-LA-SI.

FA-SOL-LA-SI en el teclado

1. Comienza en el CENTRO del teclado y toca *piano* (***p***). Con los **dedos 5-4-3-2 de la M.I.**, toca juntas las teclas de los grupos **FA-SOL-LA-SI**, primero *bajando* y luego *subiendo* por el teclado.

2. Comienza en el CENTRO del teclado y toca *forte* (***f***). Con los **dedos 2-3-4-5 de la M.D.**, toca juntas las teclas de los grupos **FA-SOL-LA-SI**, primero *subiendo* y luego *bajando* por el teclado.

3. Comienza en el CENTRO del teclado. Usa los dedos **3-1 de la M.I.** Presiona el pedal de resonancia y toca el intervalo FA-LA primero *quebrado* y luego *en bloque*. Sigue bajando por el teclado. Toca *forte* (***f***).

■ Repite con los dedos **4-2** en FA y LA.

4. Comienza en el CENTRO del teclado. Usa los dedos **1-3 de la M.D.** Presiona el pedal de resonancia y toca el intervalo FA-LA primero *quebrado* y luego *en bloque*. Sigue subiendo por el teclado. Toca *forte* (***f***).

■ Repite con los dedos **2-4** en FA y LA.

Transposición

Cuando tocamos la misma pieza en teclas distintas, estamos "transponiendo". Compara, por ejemplo, las piezas de las páginas 19 y 21. La misma melodía aparece primero en las teclas **DO-RE-MI** y luego transpuesta a las teclas **FA-SOL-LA**.

Compás

Un *compás* es un grupo de pulsos (o tiempos). Normalmente todos los compases de una pieza tienen el mismo número de tiempos.

Las **barras de compás** dividen la música en compases. Mantén el ritmo fluido entre un compás y el siguiente.

■ ¿Cuántos compases tiene la *Melodía en FA-SOL-LA*?

■ ¿Cuántos tiempos hay en cada compás?

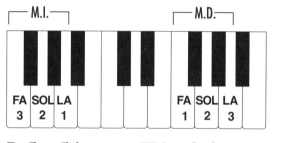

■ Marca el ritmo, contando en voz alta.

■ Mientras tocas en el *registro central* del piano, di o canta:
   a. los números de los dedos
   b. los nombres de las notas

Melodía en FA-SOL-LA

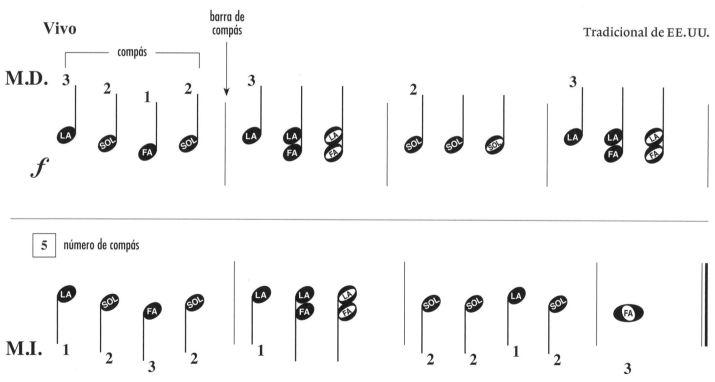

Vivo

Tradicional de EE.UU.

5   número de compás

Segundas (2.ᵃˢ)

Recuerda: un *intervalo* es la distancia entre dos teclas. El intervalo de **2.ᵃ** sube o baja:

a la siguiente TECLA

ejemplo

a la siguiente NOTA   **DO - RE**   al siguiente DEDO

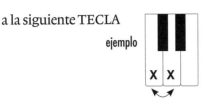

Escala

Las notas de una escala suben o bajan por **2.ᵃˢ** (pasos).

- Pon los dedos de tu M.D. en las teclas de la **escala de DO de 5 dedos**. Toca la escala hacia arriba y luego hacia abajo, cantando **DO-RE-MI-FA-SOL-FA-MI-RE-DO**.

- Mientras tocas en el *registro central* del piano, di o canta: **a.** los números de los dedos **b.** los nombres de las notas

- **Transpón** este ejercicio a escalas de DO de 5 dedos más *agudas* y más *graves*.

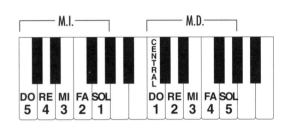

Ejercicio de calentamiento

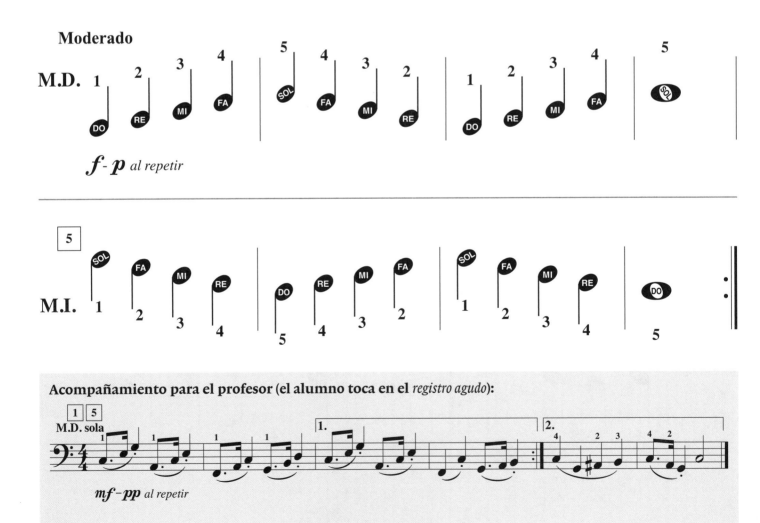

pianoadventures.lat/adulto

IEFF1302ES

Terceras (3.ªˢ)

El intervalo de **3.ª** se salta:

una TECLA   una NOTA   **DO - MI**   un DEDO

ejemplo

X   X

■ Mientras tocas en el *registro central* del piano, di o canta:
a. el ritmo: "1 1 1 - 2"   **b.** los nombres de las notas

■ **Transpón** a diario este ejercicio a escalas de DO
de 5 dedos más *agudas* y más *graves*.

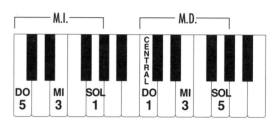

Ejercicio de calentamiento con 3.ªˢ

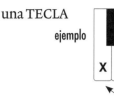

Forma musical

La estructura general de una pieza se llama **forma musical**. En *Himno a la alegría* tenemos:

Sección A – Los *compases 1-4* se pueden marcar como **A**.

Sección A¹ – Los *compases 5-8* se pueden marcar como **A¹** porque en el *compás 8* hay un ligero cambio respecto a **A**.

Sección B – Los *compases 9-12* presentan una nueva idea musical y se pueden marcar como **B**.

Sección A¹ – Los *compases 13-16* regresan a la idea musical de los *compases 5-8*.

La forma del *Himno a la alegría* es **A A¹ B A¹**.

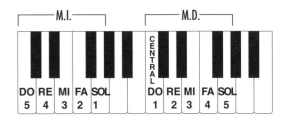

Himno a la alegría
(Tema de la Novena Sinfonía)

Marca cada sección de la forma musical en los recuadros.

Ludwig van Beethoven
(1770-1827, Alemania)
adaptación

Moderado

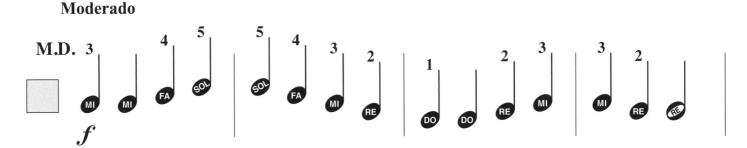

pianoadventures.lat/adulto

IEFF1302ES

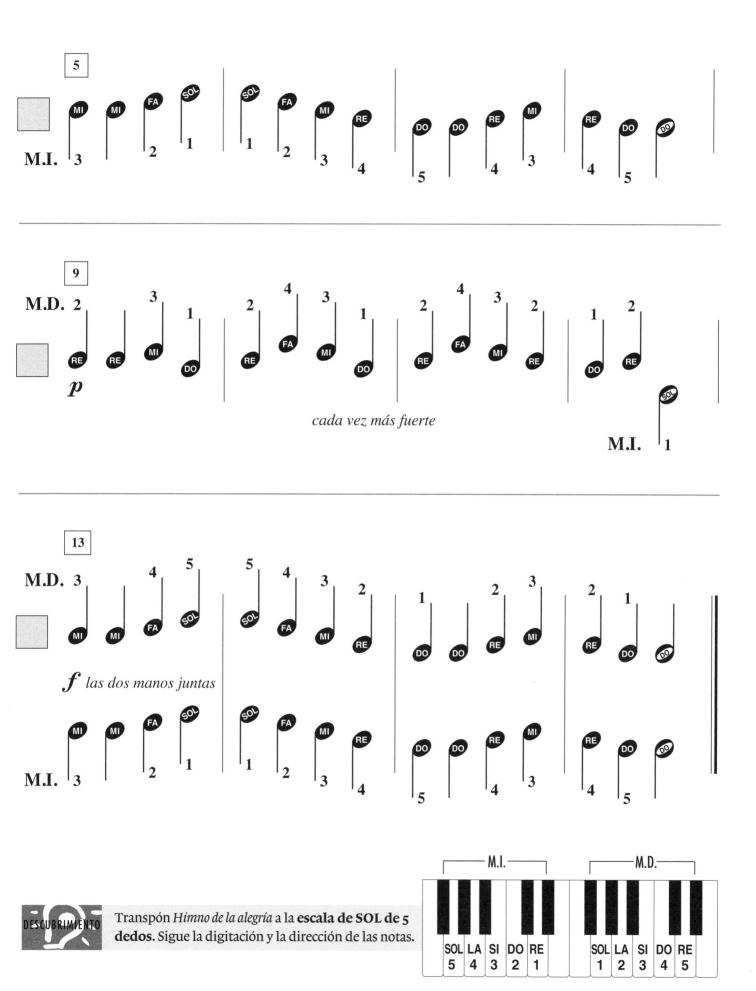

cada vez más fuerte

f las dos manos juntas

Transpón *Himno de la alegría* a la **escala de SOL de 5 dedos.** Sigue la digitación y la dirección de las notas.

Matices

Recuerda: p significa suave, f significa fuerte (ver la página 10). Estos signos se llaman **matices** o **dinámicas**.

Patrones musicales

Cuando un *patrón musical* (un grupo pequeño de notas) se repite más arriba o más abajo en el teclado, tenemos una **secuencia**.

mezzo forte — mf
Significa moderadamente fuerte (medio fuerte).

Pista: toca cada patrón musical con la mano en posición redonda y con las puntas de los dedos firmes.

▪ Comienza cada ejercicio *en el centro* del piano.

Estudio de 2.ᵃˢ y 3.ᵃˢ
para la M.D.

Moderado

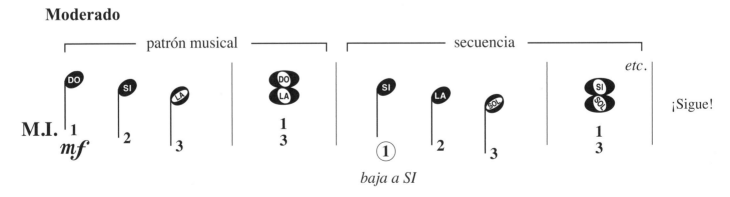

patrón musical — secuencia

sube a RE — etc.

M.D.

¡Sigue!

Sigue subiendo por las teclas blancas, comenzando el patrón en **MI, FA, SOL, LA, SI y DO.**

Estudio de 2.ᵃˢ y 3.ᵃˢ
para la M.I.

Moderado

patrón musical — secuencia

baja a SI

M.I.

etc.

¡Sigue!

Sigue bajando por las teclas blancas, comenzando el patrón en **LA, SOL, FA, MI, RE y DO.**

1. Repaso de 2.ᵃˢ y 3.ᵃˢ

Repasa las **2.ᵃˢ** y **3.ᵃˢ** escribiendo los nombres de las teclas marcadas con una X.

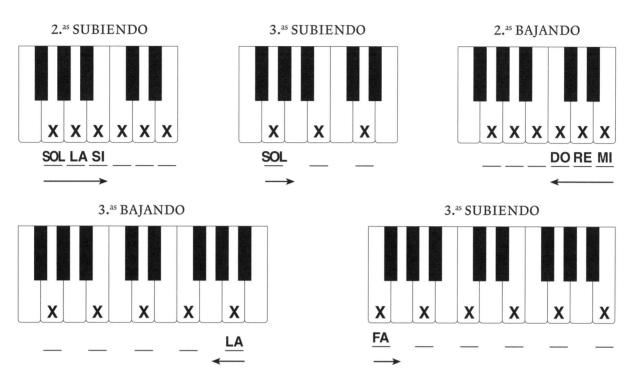

2. Marca el ritmo

Marca este ritmo para las dos manos en la tapa cerrada del piano, contando en voz alta.

Marca la *línea de arriba* con la M.D. y la *línea de abajo* con la M.I. (tu profesor te mostrará cómo).

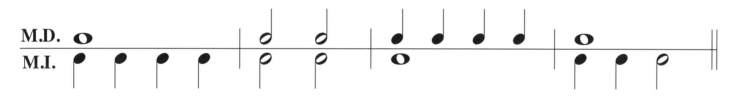

3. Improvisación en las teclas negras

Improvisar significa crear en el momento.

Pídele a un amigo o a tu profesor que toque el acompañamiento. Primero *escucha* y siente el pulso.

Cuando estés listo, improvisa una pieza usando **únicamente teclas negras.** Usa cualquier mano (o ambas). ¡No hay notas correctas ni incorrectas, solo música!

Acompañamiento para el profesor (el alumno improvisa en el *registro agudo* del mismo teclado):

Notas en el pentagrama

Pentagrama

La música se escribe en un conjunto de 5 líneas que se llama pentagrama.

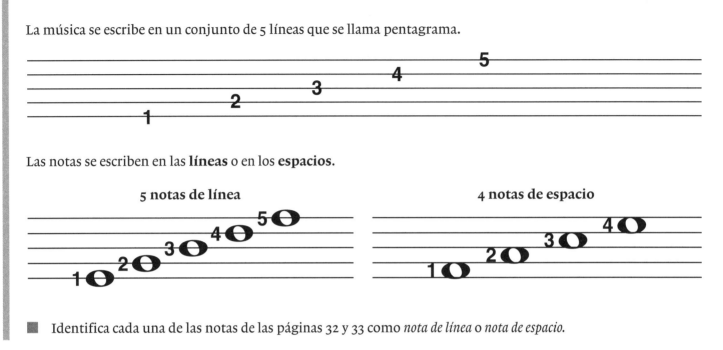

Las notas se escriben en las **líneas** o en los **espacios**.

5 notas de línea	**4 notas de espacio**

■ Identifica cada una de las notas de las páginas 32 y 33 como *nota de línea* o *nota de espacio*.

Sistema para piano

La música para piano se escribe en dos pentagramas unidos por una llave y una línea. Este pentagrama doble se llama **SISTEMA**.

La M.D. toca las notas del pentagrama *superior*.

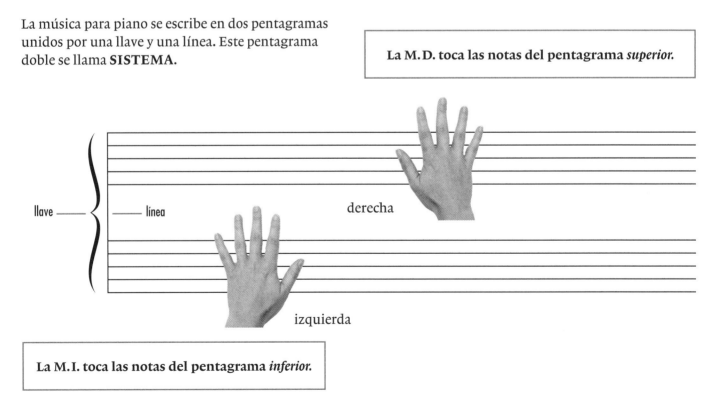

llave — línea

derecha

izquierda

La M.I. toca las notas del pentagrama *inferior*.

Clave de SOL y clave de FA

Esta es una **clave de SOL**.
Se llama así porque señala la nota SOL.

Se dibuja en el pentagrama superior
y se usa para escribir las notas *agudas*
que quedan hacia *arriba* del DO Central.

Esta es una **clave de FA**.
Se llama así porque señala la nota FA.

Se dibuja en el pentagrama inferior
y se usa para escribir las notas *graves*
que quedan hacia *abajo* del DO Central.

Orientación en clave de SOL

◼ Toca todas las notas del DO Central hacia arriba
mientras dices sus nombres en voz alta. Usa el **dedo
2 de la M. D.** Estas notas se escriben en *clave de SOL*.

Orientación en clave de FA

◼ Toca todas las notas del DO Central hacia abajo
mientras dices sus nombres en voz alta. Usa el **dedo
2 de la M. I.** Estas notas se escriben en *clave de FA*.

Nota: el DO Central se escribe en una pequeña línea adicional en medio de los dos pentagramas.

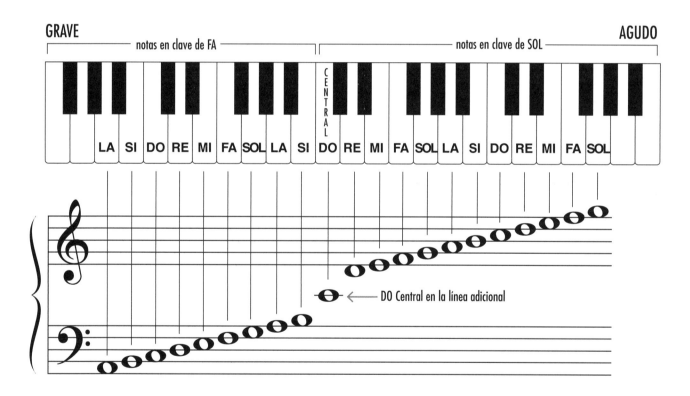

Las notas en el pentagrama

◼ En el pentagrama, las notas van de una **línea**
al siguiente **espacio**, a la siguiente **línea**, etc.
Dos notas que están juntas en el pentagrama
forman una **2.ᵈᵃ** (paso) en el teclado (ver p. 34).

◼ ¿Cuántas veces se puede escribir DO
en el sistema para piano? _____

El signo de compás $\frac{4}{4}$

El **signo de compás** se escribe al inicio de las piezas musicales.

■ El número de *arriba* indica cuantos tiempos (o pulsos) hay en cada compás.

■ El número de *abajo* indica el tipo de nota que dura un tiempo.

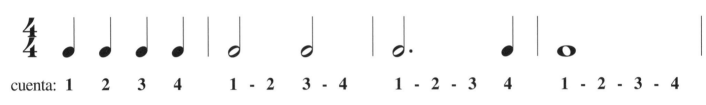

= 4 tiempos en cada compás ("1-2-3-4")

= la ♩ dura un tiempo

Ejercicio de calentamiento

Marca el ritmo mientras cuentas en voz alta los tiempos de cada compás: **"1-2-3-4"**.

Luego elige cualquier tecla y toca el ritmo con el **dedo 3 de la M.D.** Cuenta en voz alta.

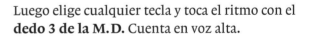

cuenta: 1   2   3   4   1 - 2   3 - 4   1 - 2 - 3   4   1 - 2 - 3 - 4

El signo de compás $\frac{3}{4}$

= 3 tiempos en cada compás ("1-2-3")

= la ♩ dura un tiempo

Ejercicios de calentamiento

Marca el ritmo mientras cuentas en voz alta los tiempos de cada compás: **"1-2-3"**.

Luego elige cualquier tecla y toca el ritmo con el **dedo 3 de la M.D.** Cuenta en voz alta.

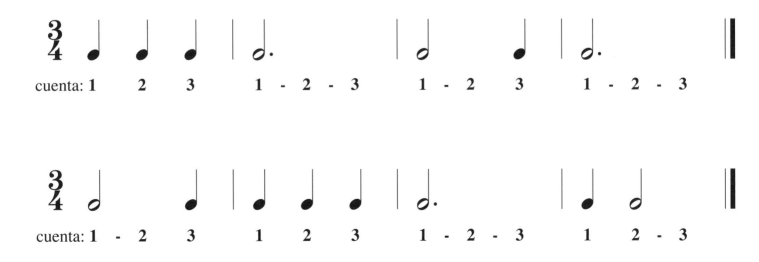

cuenta: 1   2   3   1 - 2 - 3   1 - 2   3   1 - 2 - 3

cuenta: 1 - 2   3   1   2   3   1 - 2 - 3   1   2 - 3

Acento

 o Significa que hay que enfatizar una nota tocándola más fuerte que las notas a su alrededor.

En el *Ejercicio en* $\frac{4}{4}$ se usa únicamente el dedo 3 (apoyado con el pulgar).

■ Toca diciendo los **nombres de las notas** (comienza con el primer DO debajo del DO Central).

■ Luego toca mientras cuentas en voz alta: "**1-2-3-4.**" Acentúa el primer tiempo de cada compás.

Ejercicio en $\frac{4}{4}$

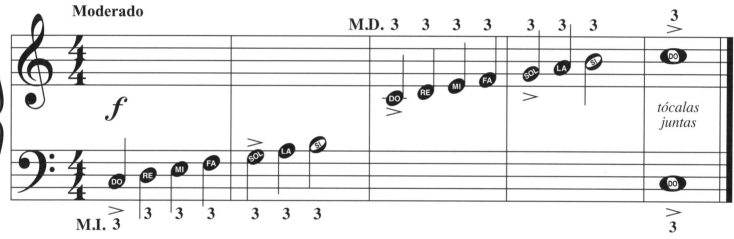

■ Ahora toca sintiendo **3 tiempos** por compás.

■ Cuenta en voz alta: "**1-2-3.**" Acentúa el primer tiempo de cada compás.

Ejercicio en $\frac{3}{4}$

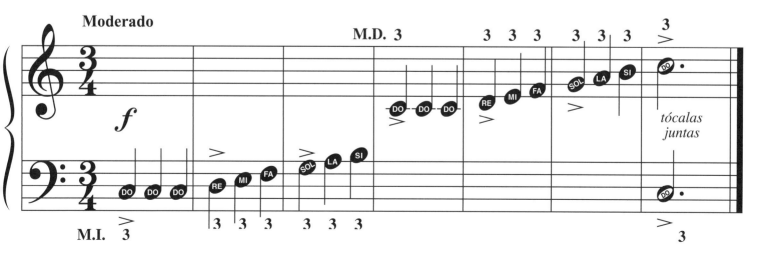

Toca estas melodías de diferentes países que usan los **signos de compás** $\frac{4}{4}$ y $\frac{3}{4}$.
Los nombres dentro de las notas te ayudarán.

■ Identifica el **signo de compás** de cada melodía.
Escríbelo al *principio* de cada pieza, al lado de la clave
de FA y la clave de SOL.

■ Marca el ritmo, contando en voz alta.

■ Mientras tocas en el *registro central* del piano, di o canta:
a. los números de los dedos
b. los nombres de las notas

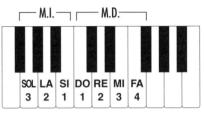

Yankee Doodle

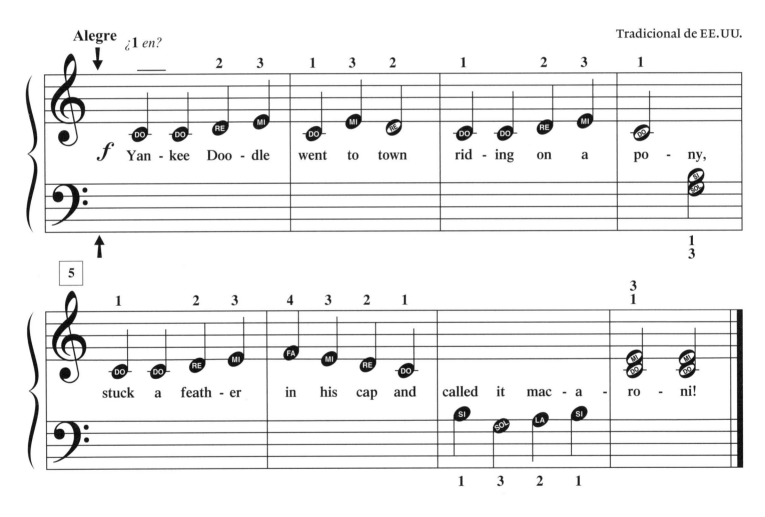

Acompañamiento (el alumno toca *1 octava más alto***):**

Tradicional de EE.UU.

Alegre

IEFF1302ES

pedal
ABAJO

mantenlo presionado

pedal
ARRIBA

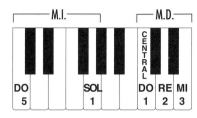

Las campanas del reloj

Tradicional de Inglaterra

Alouette

Tradicional de Francia

Leer 2.ᵃˢ (pasos) en el pentagrama

■ En el pentagrama, el **intervalo de 2.ᵃ (paso)** va: **de una LÍNEA al siguiente ESPACIO**

línea - espacio

o

de un ESPACIO a la siguiente LÍNEA (ver p. 29)

espacio - línea

■ Aprende y memoriza estas cuatro notas: **SI, DO, RE** y **MI**. Recuerda, el DO Central se escribe en una *línea adicional* en medio de los dos pentagramas (ver p. 29).

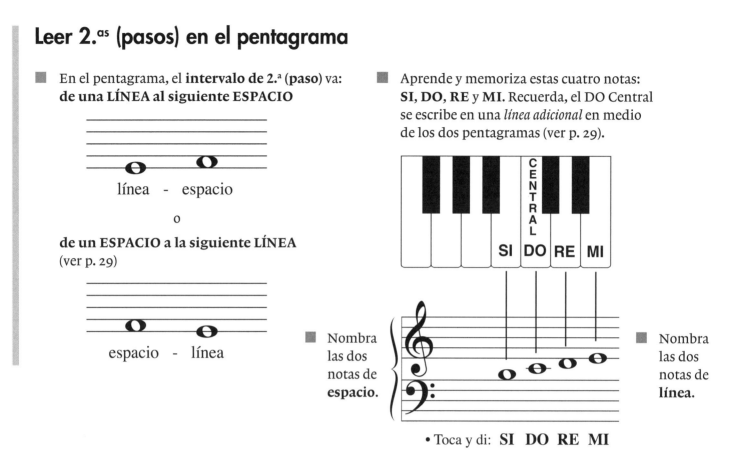

■ Nombra las dos notas de **espacio**.

■ Nombra las dos notas de **línea**.

• Toca y di: **SI DO RE MI**

Ejercicio de calentamiento con 2.ᵃˢ

Moderado

¿**1** en? ___

2

f-p *al repetir*

¿**1** en? ___

nombres de las notas: ___ ___ ___ ___ ___ ___ ___ ___

Acompañamiento (el alumno toca *como está escrito***):**

M.D.

mf-pp *con pedal*

Ligadura de prolongación

ligadura

= 8 tiempos

Es una línea curva que conecta dos notas que se encuentran en la *misma línea* o *espacio*. La nota se toca *una vez,* pero se sostiene por la duración combinada de las dos notas ligadas.

Catch a Falling Star

Letra y música:
Paul Vance y Lee Pockriss
adaptación

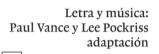

LA en clave de FA

Este **LA** se escribe en la línea más alta del pentagrama con clave de FA.
Se encuentra una **2.ª** *abajo* de SI.

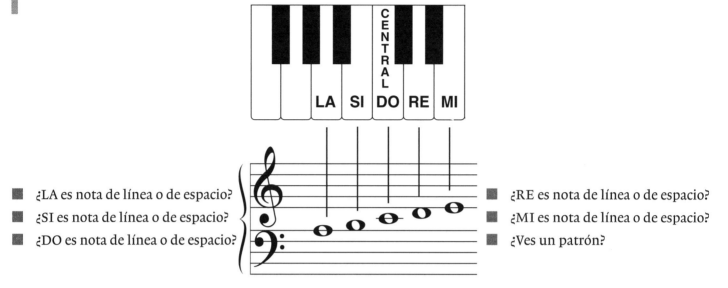

- ¿LA es nota de línea o de espacio?
- ¿SI es nota de línea o de espacio?
- ¿DO es nota de línea o de espacio?

- ¿RE es nota de línea o de espacio?
- ¿MI es nota de línea o de espacio?
- ¿Ves un patrón?

• Toca y di: **LA SI DO RE MI**

Ejercicio de calentamiento para la M.I.

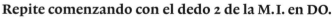

Repite comenzando con el dedo 2 de la M.I. en DO.

- Marca el ritmo. Cuenta en voz alta: "1-2-3-4".
- Fíjate en la *forma* de la pieza: **A A B B A¹**

Tradicional de Rusia
adaptación

FA en clave de SOL

Este **FA** se escribe en el primer espacio del pentagrama con clave de SOL. Se encuentra una **2.ª** *arriba* de MI.

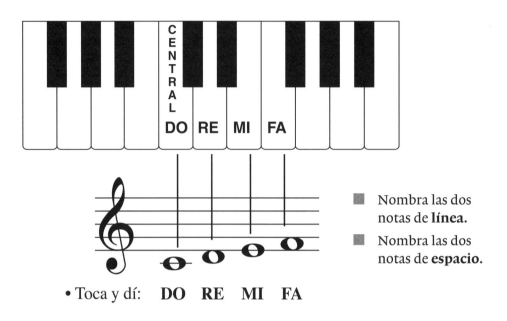

• Toca y dí: **DO RE MI FA**

▪ Nombra las dos notas de **línea**.

▪ Nombra las dos notas de **espacio**.

Legato

Significa uniforme y conectado, sin interrumpir el sonido. Para tocar *legato*, cada dedo debe bajar mientras el dedo anterior se eleva.

Una ligadura es una línea curva que va por encima o por debajo de un grupo de notas e indica que se debe tocar ligado (*legato*). No confundir con la ligadura de prolongación (ver la página 35).

▪ Toca este ejemplo. Escucha y trata de lograr un sonido uniforme y conectado.

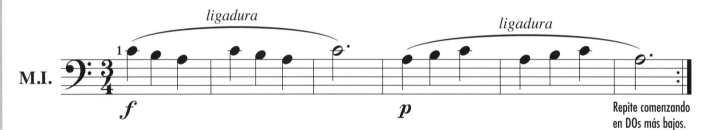

Repite comenzando en DOs más bajos.

pianoadventures.lat/adulto

IEFF1302ES

- Marca el ritmo. Cuenta en voz alta: "1-2-3".
- Repite marcando únicamente el primer tiempo de cada compás.

Cabalgata
a media noche

IEFF1302ES

Signo de octava (8va)

Cuando el signo 8va aparece *encima* del pentagrama, significa que hay que tocar una octava (8 notas) más alto de lo que está escrito. Cuando aparece *debajo* del pentagrama, hay que tocar una octava más bajo de lo que está escrito. 15ma significa que hay que tocar 2 octavas más alto (o más bajo).

Consejos técnicos:

■ Marca el ritmo de cada ejercicio con la mano correcta.
Cuenta en voz alta: **"1-2-3"**.

■ Toca con la mano en **posición redonda**, balanceando el peso del brazo en las puntas firmes de los dedos. Los números en círculos indican cambios de posición en el teclado.

Dedos ágiles
para la M.D.

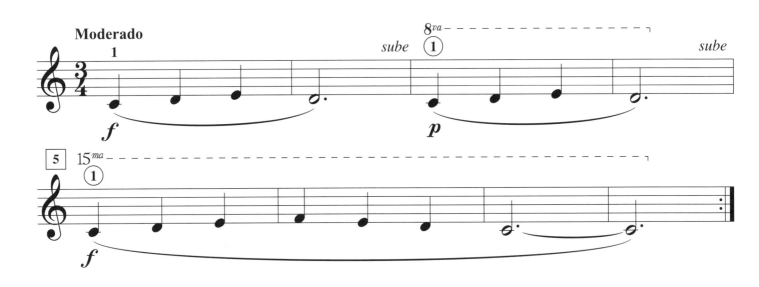

Dedos ágiles
para la M.I.

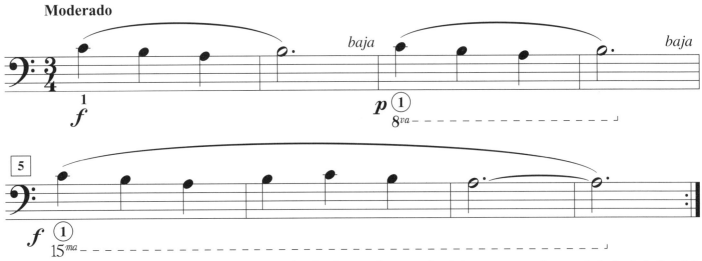

Más técnica: repite este ejercicio comenzando con el **dedo 2 de la M.I.**

pianoadventures.lat/adulto

IEFF1302ES

Lectura a primera vista

Tocar a primera vista significa leer algo que nunca has visto antes sin detenerte para hacer correcciones ni ajustes.

1. Encuentra la posición inicial de la pieza.

2. Cuenta o marca un pulso estable antes de comenzar, por ejemplo: "un, dos, tres, ¡y!".

3. Concéntrate en las notas.

4. Toca lento, siempre anticipando con la vista las notas que siguen.

1. Toca a primera vista este ejemplo musical en $\frac{4}{4}$. ¿Comienza con una 3.ª *en bloque* o *quebrada*?

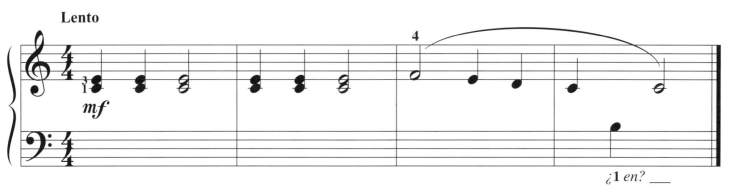

¿1 en? ___

2. Toca a primera vista este ejemplo musical en $\frac{3}{4}$. Escucha el efecto de eco en la melodía. Establece un pulso firme contando un compás antes de tocar, por ejemplo: **"un, dos, tres"**.

¿1 en? ___

ENTRENAMIENTO AUDITIVO

Tu profesor (o un amigo) tocará un ejemplo musical corto. Encierra en un círculo el signo de compás que le corresponde. Pista: *escucha* los acentos. ¿Ocurren cada **3** o cada **4** tiempos?

a. $\frac{3}{4}$ o $\frac{4}{4}$ b. $\frac{3}{4}$ o $\frac{4}{4}$ c. $\frac{3}{4}$ o $\frac{4}{4}$ d. $\frac{3}{4}$ o $\frac{4}{4}$

Para uso exclusivo del profesor (los ejemplos se pueden tocar en cualquier orden):

SOL en clave de SOL

Encuentra el primer SOL arriba del DO Central.

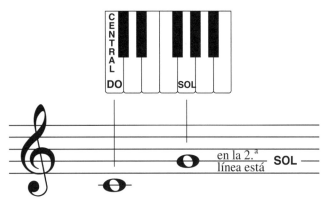

en la 2.ª línea está **SOL**

La clave de SOL se dibuja sobre la segunda línea del pentagrama y le da el nombre a la nota SOL.

SOL

Ejercicio para la posición redonda de la mano

- Toca DO y SOL con los dedos **1** y **5** de la M.D., alternándolos varias veces (estas notas forman un intervalo de **5.ª**).

- Si un monje cantara esta pieza, tomaría aire al final de cada ligadura.

- Al tocar, levanta la muñeca al final de cada ligadura para que la música "respire".

Canto del monje

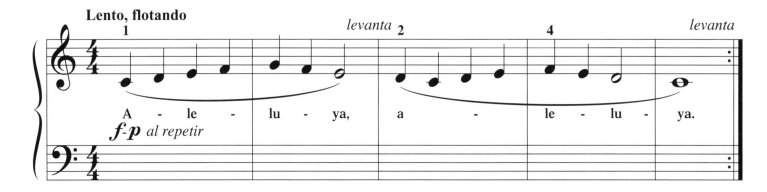

Lento, flotando

A - le - lu - ya, a - le - lu - ya.

f-p al repetir

 DESCUBRIMIENTO Esta pieza usa las notas de la **escala de DO de 5 dedos** subiendo y bajando por *2.ᵃˢ* (ver la página 22). Transponla a la **escala de SOL de 5 dedos** (ver la página 25 o 176).

Acompañamiento (el alumno toca *como está escrito* **en la p. 42 y** *1 octava más alto* **en la p. 43):**

M.D.

M.I.

f-p al repetir

 pianoadventures.lat/adulto

IEFF1302ES

- Primero toca cada mano por separado (la M.I. toca lo mismo una *8va* más bajo). Escucha y trata de lograr un sonido uniforme y *legato*.

- Luego toca con las manos juntas. Deja que la M.D. guíe a la M.I. Las dos manos tocan las mismas notas, pero con dedos diferentes.

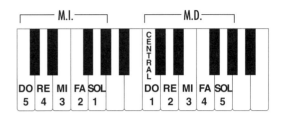

Canto de los monjes

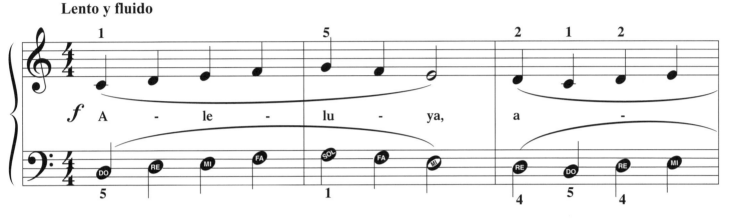

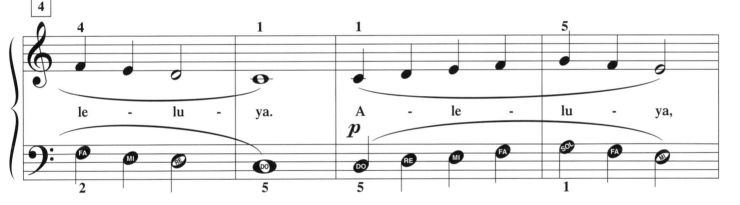

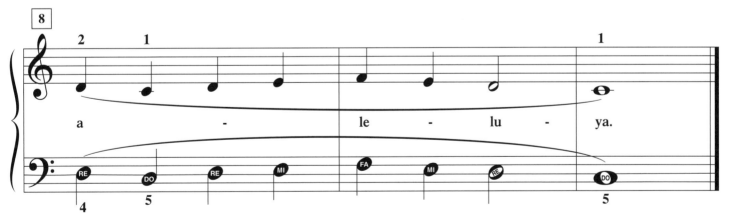

 CREACIÓN Transpón *Canto del monje* a la **escala de SOL de 5 dedos**. Luego inventa tu propio "canto" con las notas de esta escala subiendo o bajando por 2.ªˢ (M.D., M.I. o juntas).

Acompañamiento para el profesor: ver la página 42.

SOL en clave de FA

Este **SOL** en clave de FA se encuentra una 2.ª (paso) *debajo* de LA. Se escribe en el espacio más alto del pentagrama con clave de FA.

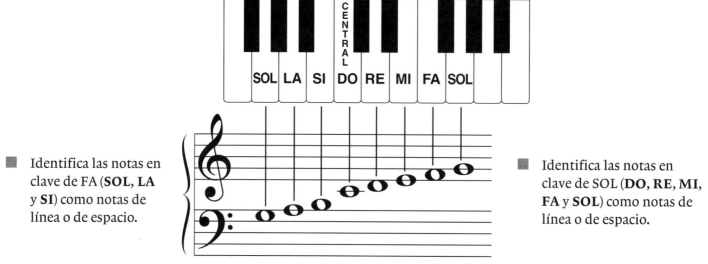

Identifica las notas en clave de FA (**SOL, LA** y **SI**) como notas de línea o de espacio.

Identifica las notas en clave de SOL (**DO, RE, MI, FA** y **SOL**) como notas de línea o de espacio.

Toca y di: **SOL LA SI DO RE MI FA SOL**

Antes de tocar, fíjate en la forma musical.

Brillan las estrellas

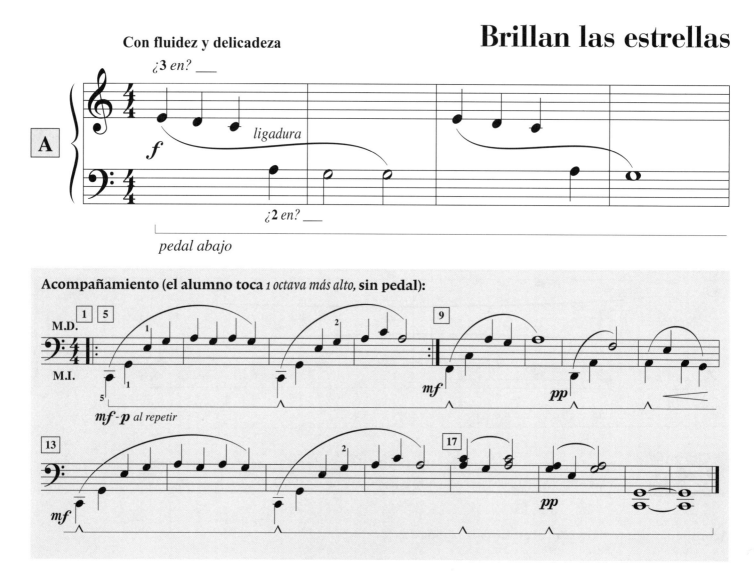

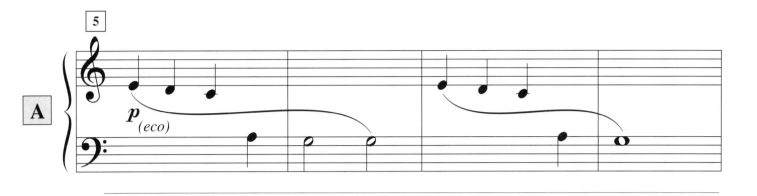

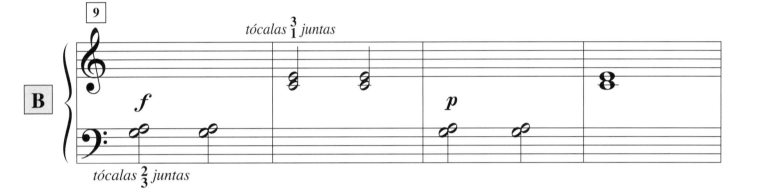

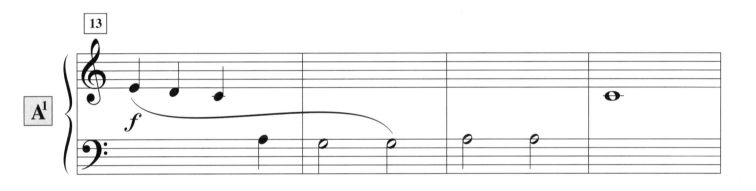

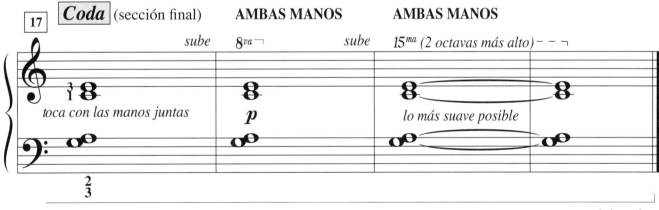

pedal arriba

DESCUBRIMIENTO Señala: una **2.ª quebrada**, una **2.ª en bloque** y una **3.ª en bloque**. Encuentra una 3.ª quebrada en el *compás 1*. Este intervalo se forma entre notas del pentagrama superior e inferior.

FA en clave de FA

Encuentra el primer FA debajo del DO Central.

Los dos puntos de la clave de FA señalan la línea de la nota FA.

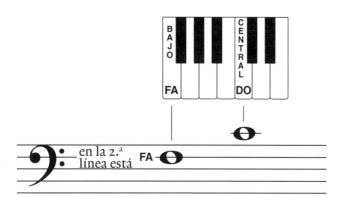

Ejercicio para la posición redonda de la mano

Toca DO y FA con los dedos **1** y **5** de la M.I., alternándolos varias veces (estas notas forman un intervalo de **5.ª**).

Revisa la forma musical

La forma de esta pieza es **A A B A¹**.

Marca cada sección en la partitura.

Trompetas romanas

pianoadventures.lat/adulto

IEFF1302ES

 Encuentra: un **acento**, un intervalo de **5.ª** y un signo de **octava**.

Acompañamiento (el alumno toca *como está escrito*, **sin pedal**):

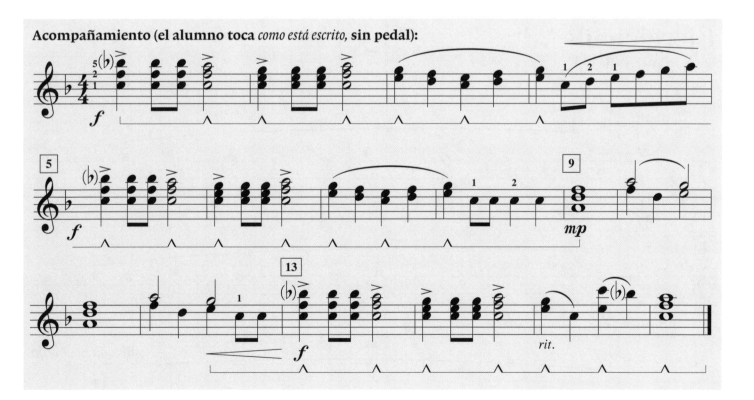

Tempo

La palabra "tempo" (tiempo en italiano) se refiere
a la velocidad de la música.

▪ Practica estos ejercicios en diferentes tempos:
lento, moderado y **rápido.**

Ejercicio de 2.ᵃˢ
para la M.D.

Estable   Toca con las puntas de los dedos firmes.

Ejercicio de 2.ᵃˢ
para la M.I.

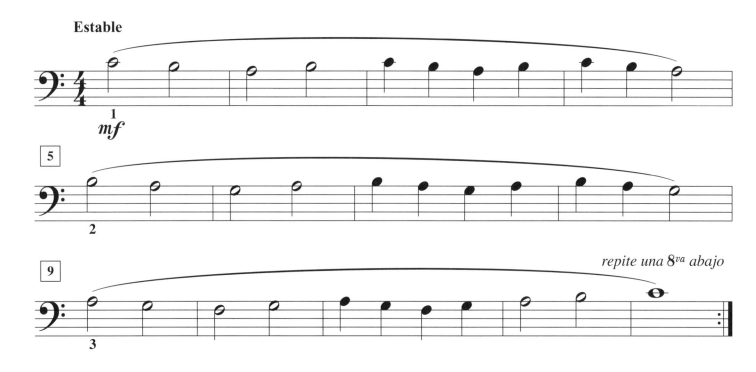

pianoadventures.lat/adulto

IEFF1302ES

1. En cada ejemplo musical, encierra en un círculo la descripción correcta:

3

mf

repite, 2.ᵃ ↑, 2.ᵃ ↓

repite, 2.ᵃ ↓, 2.ᵃ ↓

2.ᵃ ↑, 2.ᵃ ↓, repite

1

p

repite, 2.ᵃ ↑, 2.ᵃ ↑

2.ᵃ ↑, repite, 2.ᵃ ↓

2.ᵃ ↑, repite, 2.ᵃ ↑

2

f

2.ᵃ ↑, 2.ᵃ ↓, repite

2.ᵃ ↑, repite, 2.ᵃ ↓

2.ᵃ ↓, 2.ᵃ ↑, repite

2

p

2.ᵃ ↑, repite, 2.ᵃ ↑

repite, 2.ᵃ ↑, repite

2.ᵃ ↑, 2.ᵃ ↓, repite

3

mf

repite, 2.ᵃ ↓, 2.ᵃ ↑

2.ᵃ ↓, repite, 2.ᵃ ↓

2.ᵃ ↓, repite, 2.ᵃ ↑

5

f

2.ᵃ ↓, 2.ᵃ ↓, repite

repite, 2.ᵃ ↓, repite

2.ᵃ ↑, 2.ᵃ ↓, repite

1

mf

2.ᵃ ↓, repite, 2.ᵃ ↑

2.ᵃ ↓, 2.ᵃ ↓, 2.ᵃ ↑

2.ᵃ ↓, 2.ᵃ ↓, repite

3

f

repite, 2.ᵃ ↑, 2.ᵃ ↑

2.ᵃ ↑, 2.ᵃ ↑, repite

2.ᵃ ↑, repite, 2.ᵃ ↑

1

p

2.ᵃ ↓, 2.ᵃ ↑, 2.ᵃ ↓

2.ᵃ ↓, 2.ᵃ ↓, 2.ᵃ ↑

2.ᵃ ↓, repite, 2.ᵃ ↓

2. Toca cada ejemplo. Fíjate en los números de los dedos.

3. ## Improvisación con la escala de DO de 5 dedos

■ Pídele a un amigo o a tu profesor que toque el acompañamiento. Escucha y siente el pulso.

■ Cuando estés listo, improvisa una melodía usando las notas de la **escala de DO de 5 dedos** (DO-RE-MI-FA-SOL) *en cualquier orden*. Toca notas largas y cortas para tener más variedad rítmica.

Acompañamiento (el alumno improvisa en el *registro agudo*):

Más lectura en el pentagrama

3.ᵃˢ (saltos) en el pentagrama

■ En el pentagrama, el **intervalo de 3.ᵃ (salto)** va:

de una LÍNEA a la siguiente LÍNEA   o   **de un ESPACIO al siguiente ESPACIO**

sube una 3.ᵃ   baja una 3.ᵃ   sube una 3.ᵃ   baja una 3.ᵃ

■ Este ejercicio sube alternando 3.ᵃˢ que van de *línea a línea* y de *espacio a espacio*. Usa los dedos **1-3** de la M.D.

Ejercicio de calentamiento con 3.ᵃˢ

M.D.

3.ᵃ quebrada   *en bloque*   *sube*   *sube*

¡Sigue!

Sigue subiendo por las teclas blancas, comenzando el patrón en **SOL, LA, SI** y **DO**.

■ Este ejercicio baja alternando 3.ᵃˢ que van de *línea a línea* y de *espacio a espacio*. Usa los dedos **1-3** de la M.I.

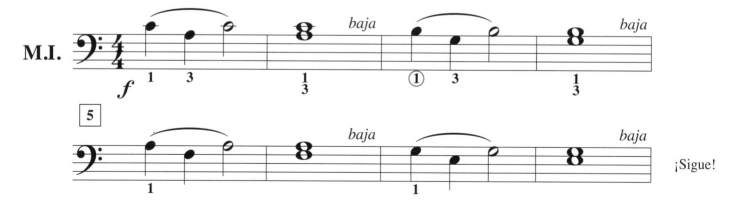

M.I.

baja   *baja*   *baja*   *baja*

¡Sigue!

Sigue bajando por las teclas blancas, comenzando el patrón en **FA, MI, RE** y **DO**.

IEFF1302ES

La forma de esta pieza es **A A¹ B A¹**.

■ Marca cada sección en la partitura.

Camptown Races

Stephen Foster
(1826-1864, EE.UU.)
adaptación

Acompañamiento (el alumno toca *1 octava más alto*)**:**

Silencio de negra

Un silencio de negra dura 1 tiempo.

■ Marca el ritmo de este ejemplo, contando en voz alta: "1 - 2 - 3 - 4".
No marques durante el silencio.

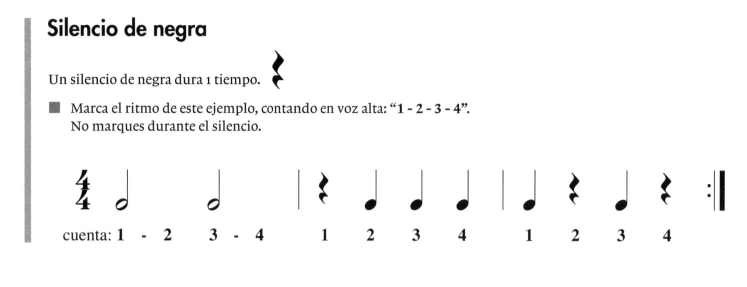

cuenta: **1** - **2**   **3** - **4**   **1**   **2**   **3**   **4**   **1**   **2**   **3**   **4**

Pequeña serenata nocturna

Wolfgang Amadeus Mozart
(1756-1791, Austria)
adaptación

Enérgico

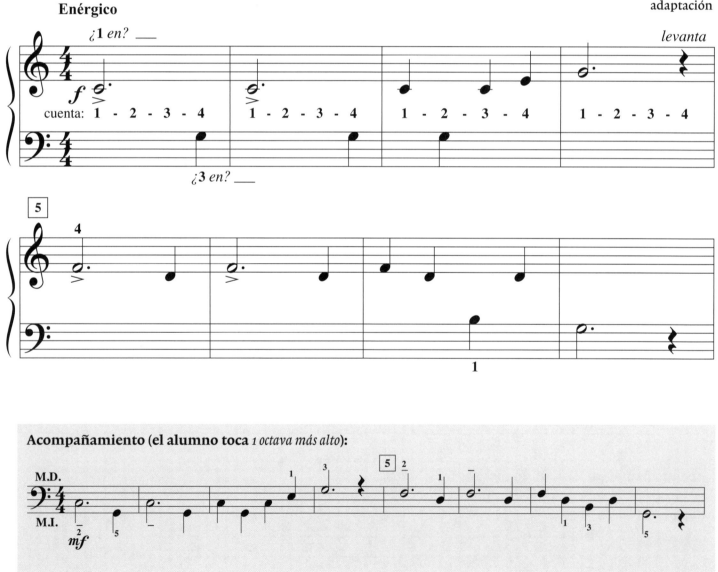

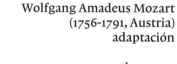

Acompañamiento (el alumno toca *1 octava más alto*)**:**

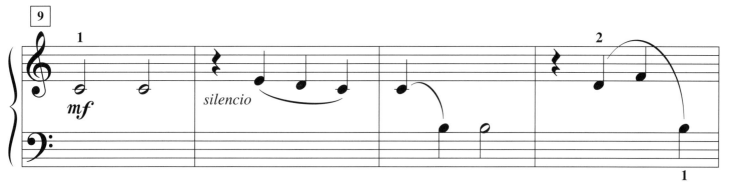

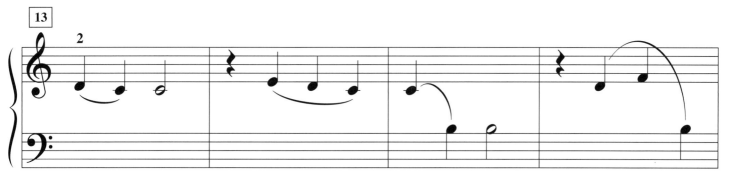

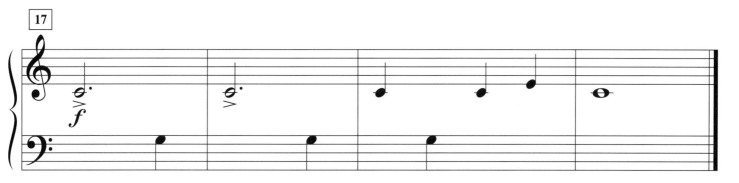

Inventa tu propio ritmo de dos compases en $\frac{4}{4}$ y escríbelo abajo.
Usa por lo menos un **silencio de negra.** Luego marca el ritmo.

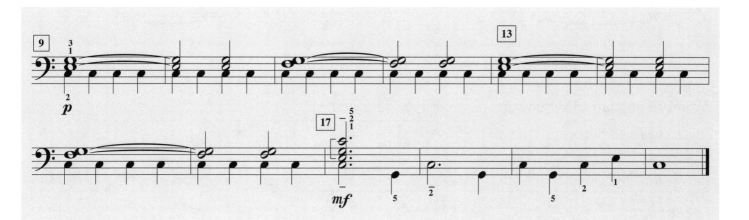

Da Capo al Fine

Significa que hay que volver al comienzo y tocar hasta el *Fine*. **Da Capo** significa "desde el comienzo" y a menudo se escribe abreviado: *D.C.* **Fine** significa "fin".

■ Encierra en un círculo el **D.C. al Fine**.

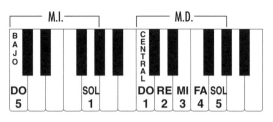

Tema de la Sinfonía del Nuevo Mundo

Antonín Dvořák
(1841-1904, República Checa)
adaptación

Moderado, fluido

pedal abajo   *pedal arriba*

(prepara la M.I.)

Acompañamiento (el alumno toca *1 octava más alto,* **sin pedal):**

pianoadventures.lat/adulto

IEFF1302ES

Este tema fue compuesto por el compositor checo Antonín Dvořák para su *Sinfonía No. 9,* conocida como *"Sinfonía del Nuevo Mundo".* "Nuevo Mundo" se refiere al continente americano hacia el final del siglo XIX.

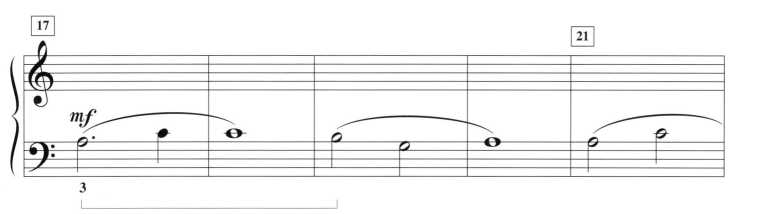

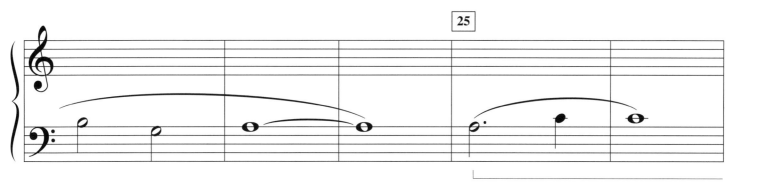

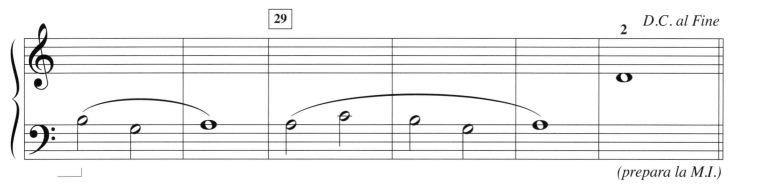

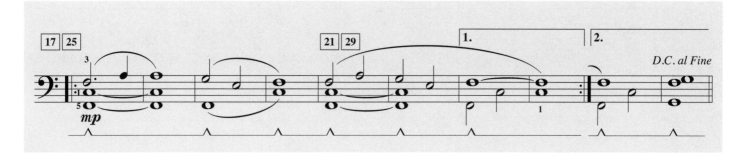

Acordes

Tres o más notas tocadas simultáneamente forman un **acorde**.

El **acorde de DO** está formado por 3 notas que suben por *terceras* desde DO. Los acordes de 3 notas formados por terceras se llaman también **tríadas**.

acorde (o tríada) de DO

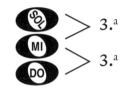

Acorde de DO en clave de FA

■ Observa que en **clave de FA** el **acorde de DO** ocupa los tres espacios superiores del pentagrama (desde abajo hacia arriba: **DO-MI-SOL**).

Nota: si bien estas notas graves se presentarán formalmente en la página 62, ya puedes usar acordes de DO con la M.I. en muchas piezas.

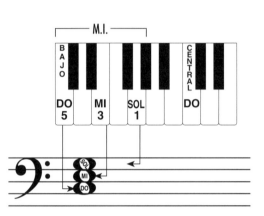

Ejercicio de calentamiento:
acorde de DO mayor

■ Primero toca el ejercicio sobre la tapa cerrada del piano.

■ Encuentra en el teclado el **acorde de DO Bajo**.

■ Practica el ejercicio hasta que lo puedas tocar con facilidad.

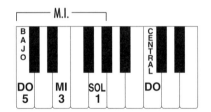

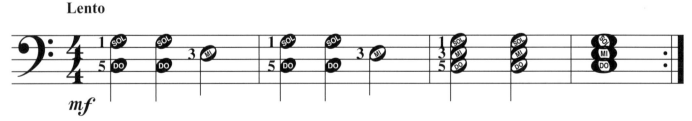

Ahora toca el ejercicio con la M.D. en el registro agudo.
Usa los **dedos 1-3-5**.

Melodía y armonía

■ **Melodía:** la voz principal de una pieza que se debe resaltar.

■ **Armonía:** las notas que se tocan junto con la melodía para lograr un sonido más lleno y profundo.

En esta pieza, el intervalo de 5.ª (DO a SOL) se usa para **armonizar** la melodía.

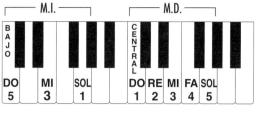

Navidad, Navidad

Letra y música:
J. Pierpont
adaptación

Silencios de blanca y de redonda

El silencio de blanca se escribe *sobre* la tercera línea del pentagrama.

= **2 tiempos de silencio**

cuenta: **1**   **2**   **3**   **4**

El silencio de redonda se escribe *debajo* de la cuarta línea del pentagrama.

= **silencio durante todo un compás**

4 tiempos de silencio
cuenta: 1-2-3-4

3 tiempos de silencio
cuenta: 1-2-3

Calentamiento rítmico

Marca este ritmo mientras cuentas en voz alta.

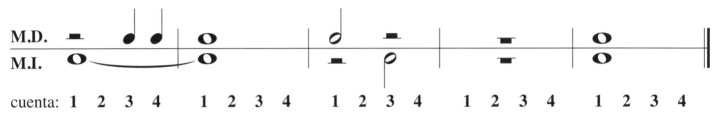

M.D.

M.I.

cuenta: **1**   **2**   **3**   **4**   **1**   **2**   **3**   **4**   **1**   **2**   **3**   **4**   **1**   **2**   **3**   **4**   **1**   **2**   **3**   **4**

Identifica cada uno de los silencios en los *compases 1–8* como silencio de blanca o silencio de redonda.

Procesión real

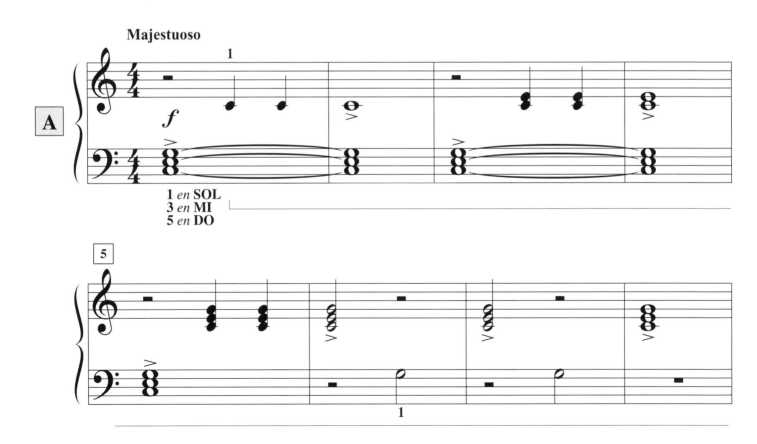

Majestuoso

A

f

1 *en* **SOL**
3 *en* **MI**
5 *en* **DO**

5

pianoadventures.lat/adulto

IEFF1302ES

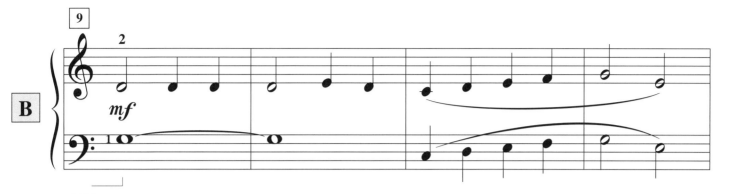

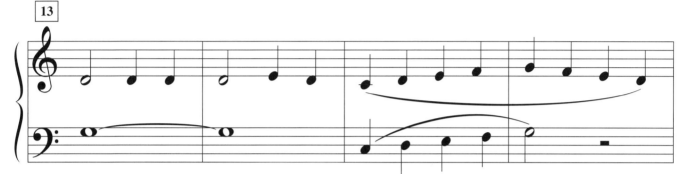

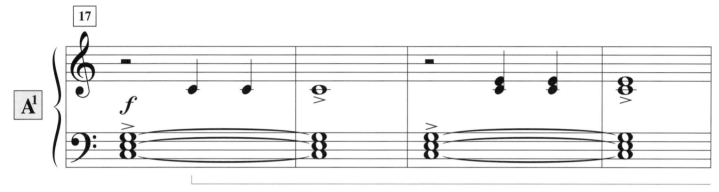

Acompañamiento (el alumno toca *como está escrito*)**:**

Consejos técnicos:

- Los pulgares deben tocar con el lado de la uña.
- Mientras tocas, mantén las muñecas flexibles pero sin hundirlas.

Estudio de 3.ᵃˢ quebradas

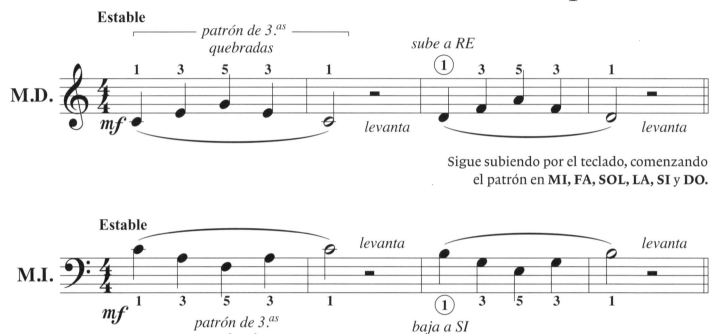

Sigue subiendo por el teclado, comenzando el patrón en **MI, FA, SOL, LA, SI** y **DO**.

Sigue bajando por el teclado, comenzando el patrón en **LA, SOL, FA, MI, RE** y **DO**.

Estudio rítmico

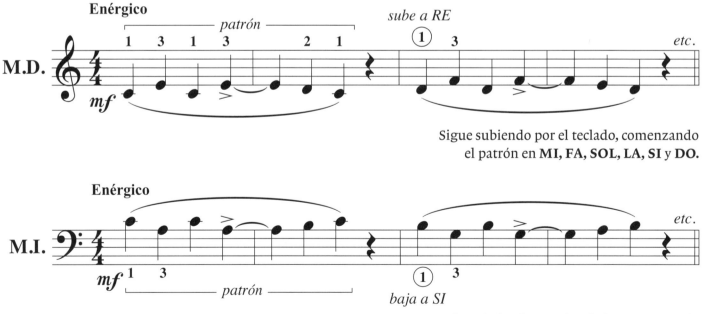

Sigue subiendo por el teclado, comenzando el patrón en **MI, FA, SOL, LA, SI** y **DO**.

Sigue bajando por el teclado, comenzando el patrón en **LA, SOL, FA, MI, RE** y **DO**.

pianoadventures.lat/adulto

IEFF1302ES

Repaso de las 3.ᵃˢ (ver la página 50)

En el pentagrama, el **intervalo de 3.ᵃ** (salto) va:

de una LÍNEA a la siguiente LÍNEA   o   de un ESPACIO al siguiente ESPACIO

1. En cada ejemplo, dibuja la nota correcta para formar un intervalo de 3.ᵃ hacia **arriba** o hacia **abajo** de la nota indicada. Usa redondas. Luego escribe los nombres de ambas notas.

2. Escribe los tiempos (**1-2-3-4**) debajo del ritmo. Luego márcalo contando en voz alta.

3. Escribe los tiempos (**1-2-3**) debajo del ritmo. Luego márcalo contando en voz alta.

ENTRENAMIENTO AUDITIVO

Tu profesor tocará el ejemplo **a** o **b**.
Escucha con atención y encierra en un círculo el ejemplo correcto.

1a.   o   1b.

2a.   o   2b.

3a.   o   3b.

Más lectura en clave de FA

Escala de DO de 5 dedos en clave de FA

Ya conoces la escala de DO de 5 dedos en clave de SOL.
En esta unidad aprenderás las notas de la escala de DO de 5 dedos en clave de FA.

Las notas de esta escala suben por segundas desde el **DO Bajo**.

- Nombra las tres notas de **espacio**.

NUEVO   NUEVO   NUEVO

Toca y di: **DO Bajo   RE   MI   FA   SOL**

- Nombra las dos notas de **línea**.

- Toca cada melodía l-e-n-t-a-m-e-n-t-e y luego a una velocidad moderada.

- Leer estas nuevas notas te será más fácil si observas los pasos y saltos.

Melodías en clave de FA

Mary tenía un corderito

Dos por diez

Animado

Fray Jacobo

Un poco rápido

Actividades

■ Coloca tu M. D. una octava más alto, en la **escala de DO de 5 dedos.** Toca los *compases 1-8* con las manos juntas. Luego toca los *compases 9-12* con la M. I. Termina la pieza con las manos juntas.

■ Toca la pieza como una **ronda.** Comienza a tocar. Tu profesor comenzará cuando llegues al *compás 5.* Luego cambien de rol.

Staccato

Tocar *staccato* significa separar las notas para crear sonidos más cortos y nítidos. Para tocar *staccato*, levanta el dedo rápidamente de la tecla. El *staccato* se indica con un pequeño punto por encima o por debajo de la nota.

Ejercicio de calentamiento

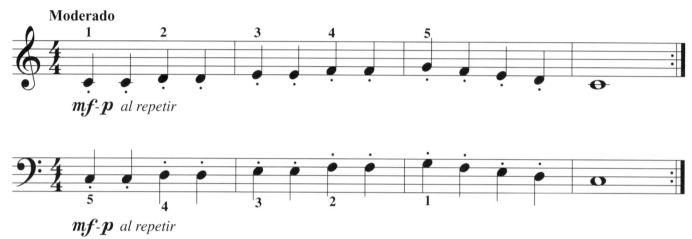

Octava

La distancia entre el *DO Central* y el *DO Bajo* es de 8 notas. Esta distancia se llama **octava**.

En esta pieza las dos manos comienzan a una distancia de una octava.

Tema de la
Sinfonía "La sorpresa"

Franz Joseph Haydn
(1732–1809, Austria)
adaptación

Un círculo alrededor de un número de dedo significa que tu mano debe cambiar de posición en el teclado.

pianoadventures.lat/adulto

IEFF1302ES

Danza húngara

Johannes Brahms
(1833-1897, Alemania)
adaptación

rit. – *ritardando*

Significa una disminución gradual de la velocidad.
A menudo *ritardando* se abrevia *ritard.* o *rit.*

Canción del pastor
(de la Sexta Sinfonía)

Ludwig van Beethoven
(1770–1827, Alemania)
adaptación

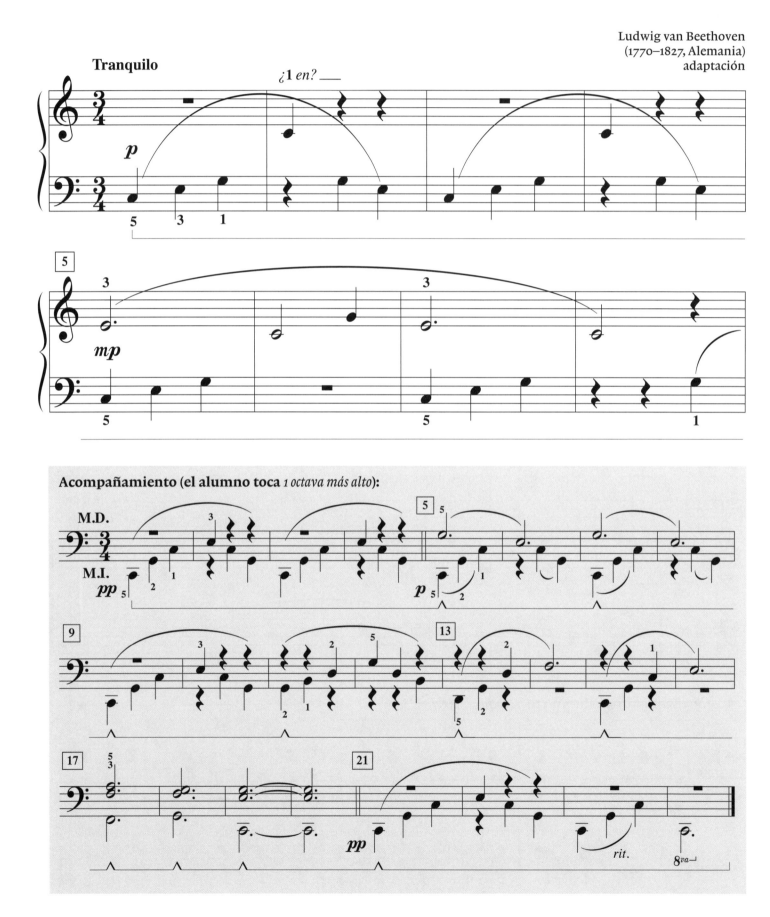

 pianoadventures.lat/adulto

IEFF1302ES

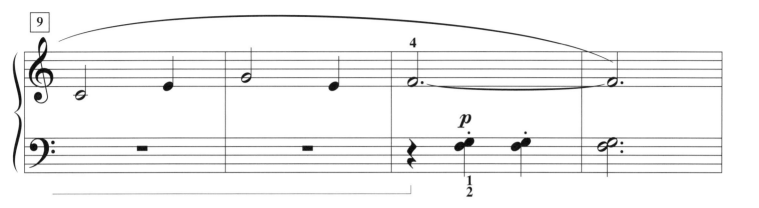

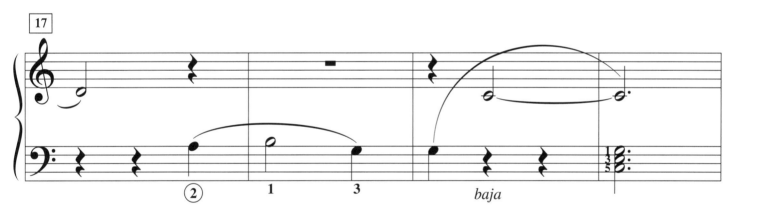

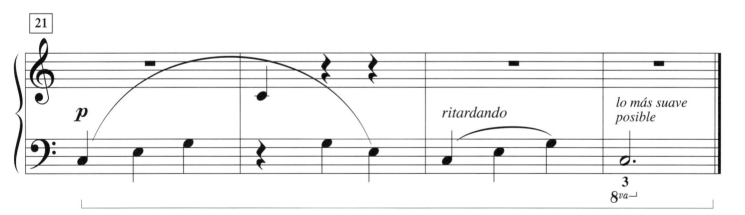

En ¾, los tiempos del compás dan una sensación de:

fuerte-suave-fuerte   fuerte-suave-suave   fuerte-fuerte-suave

▪ Practica este ejercicios a diferentes tempos:
primero lento, luego moderado y finalmente rápido.

Movimiento paralelo: las dos manos tocan
notas que se mueven en la MISMA dirección.

Caminos paralelos

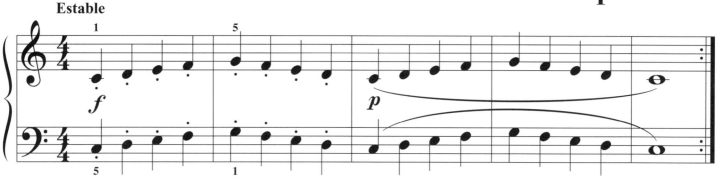

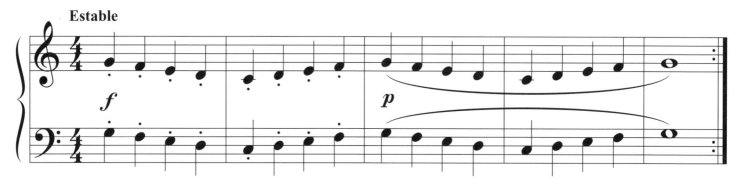

Movimiento contrario: las dos manos tocan
notas que se mueven en direcciones OPUESTAS.

Caminos contrarios

pianoadventures.lat/adulto

IEFF1302ES

1. Copia las cinco notas de la **escala de DO de 5 dedos en clave de FA.**
La plica del DO va hacia *arriba* del lado *derecho* de la nota (por estar debajo de la 3.ª línea).
Las demás van hacia *abajo* por el lado *izquierdo* (por estar de la 3.ª línea hacia arriba).

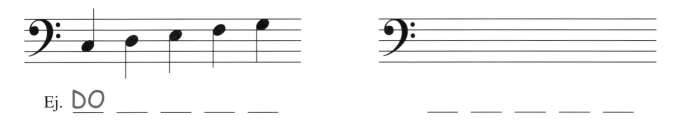

Ej. DO ___ ___ ___ ___   ___ ___ ___ ___ ___

2. Sombrea el **espacio del DO Bajo** en cada pentagrama. Luego escribe las notas indicadas de la **escala de DO de 5 dedos en clave de FA.** Usa negras y asegúrate de poner las plicas en el sentido correcto.

Ej.

3. Improvisación en *staccato*

■ Pídele a un amigo o a tu profesor que toque el acompañamiento. Escucha y siente el pulso.

■ Cuando estés listo, improvisa una melodía usando las notas de la **escala de DO de 5 dedos en clave de FA** (DO-RE-MI-FA-SOL) *en cualquier orden*. Toca *staccato*. Para finalizar toca el DO Bajo.

Acompañamiento (el alumno improvisa *usando DO-RE-MI-FA-SOL Bajos*):

repite varias veces | Final

ENTRENAMIENTO AUDITIVO Cierra los ojos mientras tu profesor (o un amigo) toca los siguientes ejemplos musicales.
Escucha con atención y escribe una **S** si escuchas *staccato*, **L** si escuchas *legato* y **SL** si escuchas ambos.

1. _____   2. _____   3. _____   4. _____

Para uso exclusivo del profesor (los ejemplos se pueden tocar en cualquier orden):

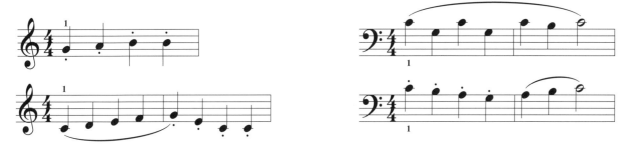

 **Corcheas**

Corchea

La corchea se distingue porque tiene
un *corchete*.

corchete

2 corcheas equivalen a una negra.

■ Cuando tenemos dos (o más) corcheas las
conectamos con una barra.

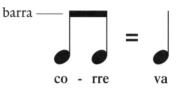

barra

co - rre = va

■ Piensa en las corcheas como notas que *corren*.

Cómo contar las corcheas

Cuando tenemos ritmos con **corcheas,** cada tiempo
se *divide* en dos partes iguales.

■ Marca estos ritmos contando en voz alta.

■ Cuenta la segunda corchea de cada tiempo diciendo "y" (escrito "+").

■ Elige cualquier tecla y toca el ritmo contando en voz alta.

| 1 | y | 2 | y |
| 1 | + | 2 | + |

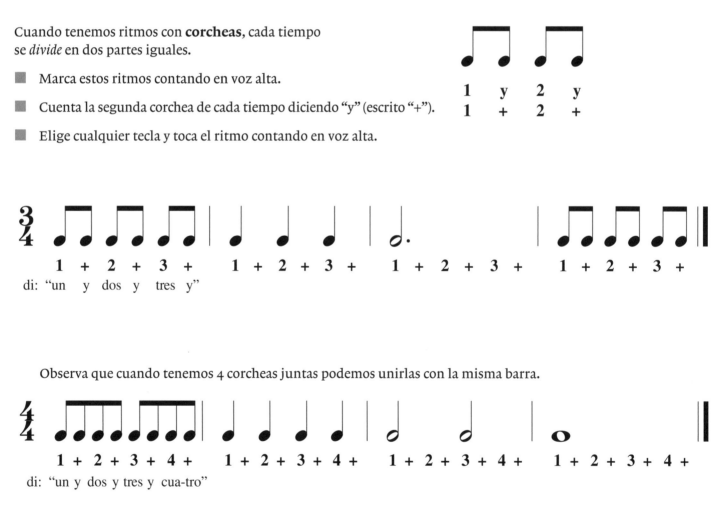

3/4

1 + 2 + 3 + | 1 + 2 + 3 + | 1 + 2 + 3 + | 1 + 2 + 3 +

di: "un y dos y tres y"

Observa que cuando tenemos 4 corcheas juntas podemos unirlas con la misma barra.

4/4

1 + 2 + 3 + 4 + | 1 + 2 + 3 + 4 + | 1 + 2 + 3 + 4 + | 1 + 2 + 3 + 4 +

di: "un y dos y tres y cua-tro"

DESCUBRIMIENTO   Marca los ritmos de arriba a distintas velocidades: ♩=72 ♩=88 ♩=104

pianoadventures.lat/adulto

IEFF1302ES

mezzo piano (*mp*)

Significa moderadamente suave (medio suave).

El **minuet** es una danza escrita en $\frac{3}{4}$.

■ Encierra en círculos todas las **3.**ᵃˢ (pista: son 8).

Minuet francés

Jean-Philippe Rameau
(1683–1764, Francia)
adaptación

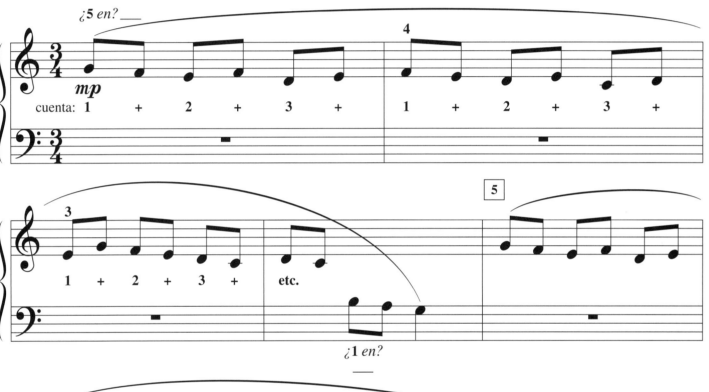

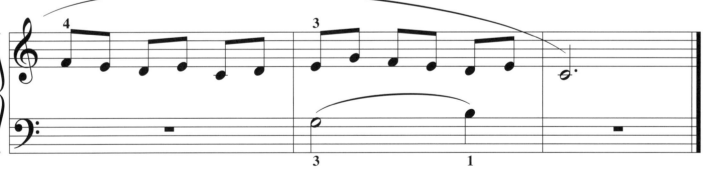

Crescendo y diminuendo

Crescendo (*cresc.*)
significa que hay que tocar cada vez más fuerte.

Toca y
escucha.

Diminuendo (*dim.*)
significa que hay que tocar cada vez más suave.

Toca y
escucha.

A este símbolo también le llamamos *decrescendo*.

Frase

Una **frase** es una idea o pensamiento musical.

A menudo las frases se muestran con una ligadura,
también llamada **ligadura de fraseo**.

Observa que en esta pieza tenemos frases largas,
de ocho compases cada una. Usa los signos de
y para darles forma a las frases.

La mañana
(de *Peer Gynt, Suite No. 1*)

Edvard Grieg
(1843-1907, Noruega)
adaptación

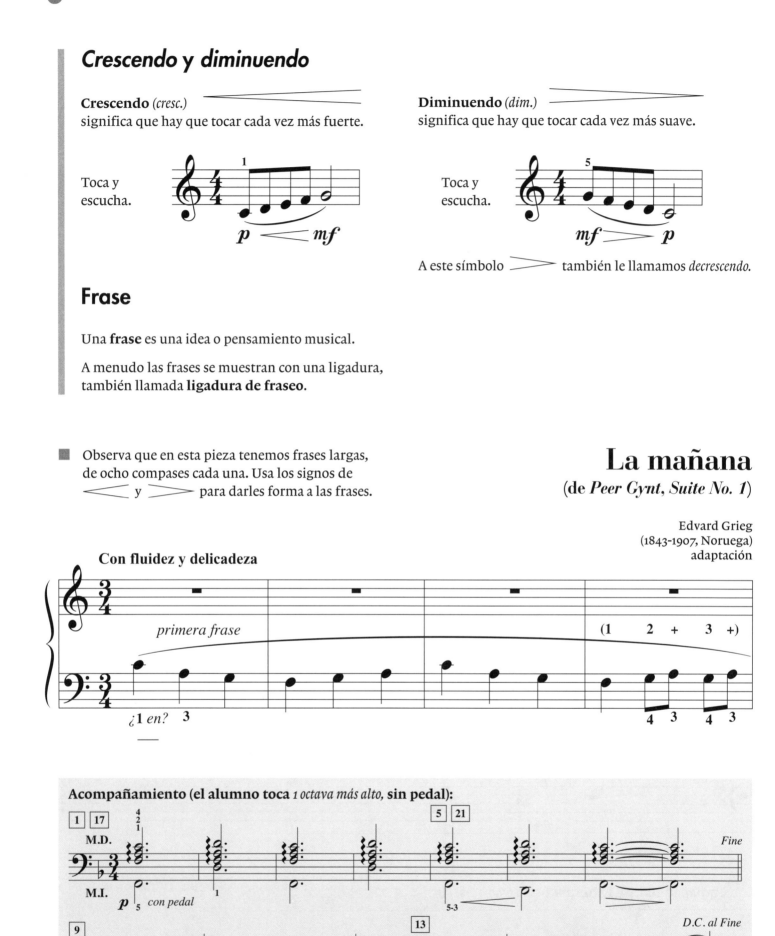

pianoadventures.lat/adulto

IEFF1302ES

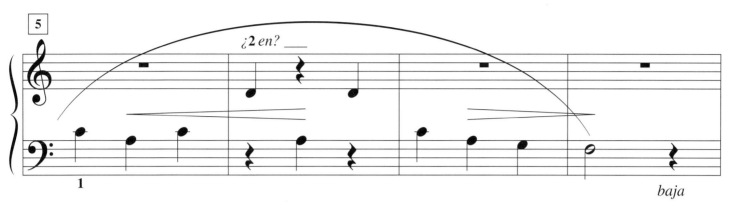

¿2 en? ___

1

baja

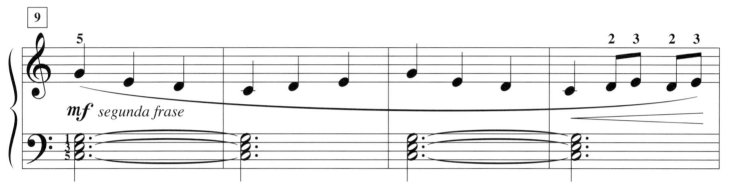

mf segunda frase

2 3 2 3

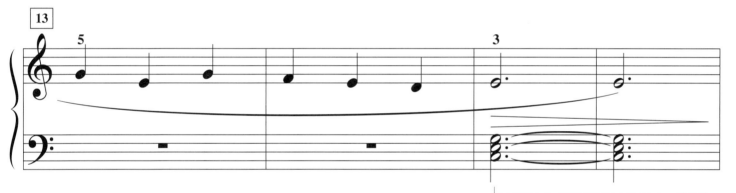

3

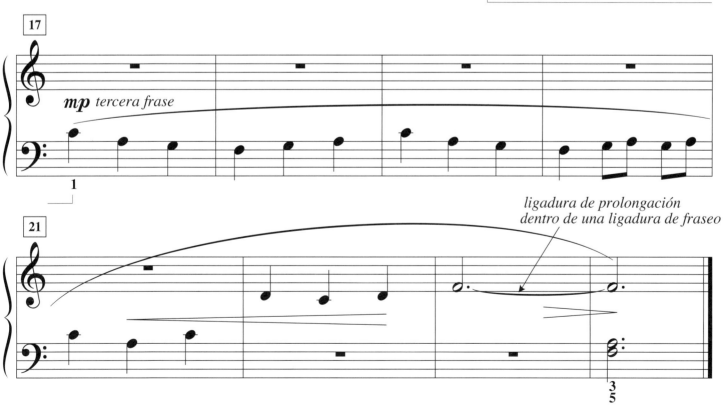

mp tercera frase

1

ligadura de prolongación
dentro de una ligadura de fraseo

3
5

Anacrusa

La **anacrusa** (o **antecompás**) es un compás incompleto al inicio de una pieza que nos impulsa hacia el primer compás completo. Esta pieza comienza en el *tiempo 4* con **dos corcheas** de anacrusa (*4 y*).

Si una pieza comienza con *anacrusa,* generalmente su último compás también está incompleto. Los tiempos combinados de la anacrusa y el último compás suman un compás completo.

Taps

Tradicional de EE.UU.

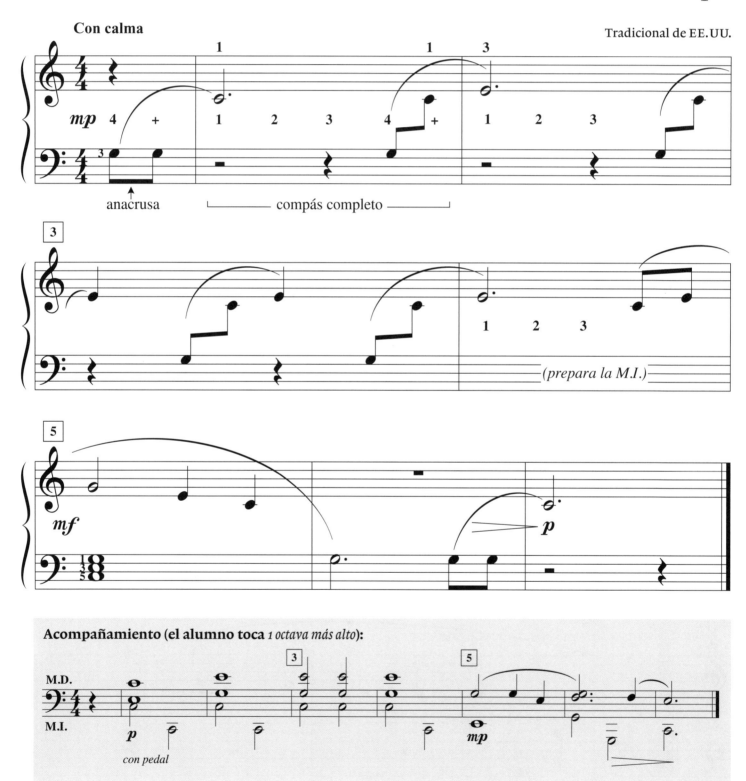

pianoadventures.lat/adulto IEFF1302ES

Calderón

La nota se debe sostener más tiempo de lo normal.

Esta pieza comienza en el *tiempo 3*, con dos corcheas de anacrusa (*3 y*).

Cumpleaños feliz

Tradicional

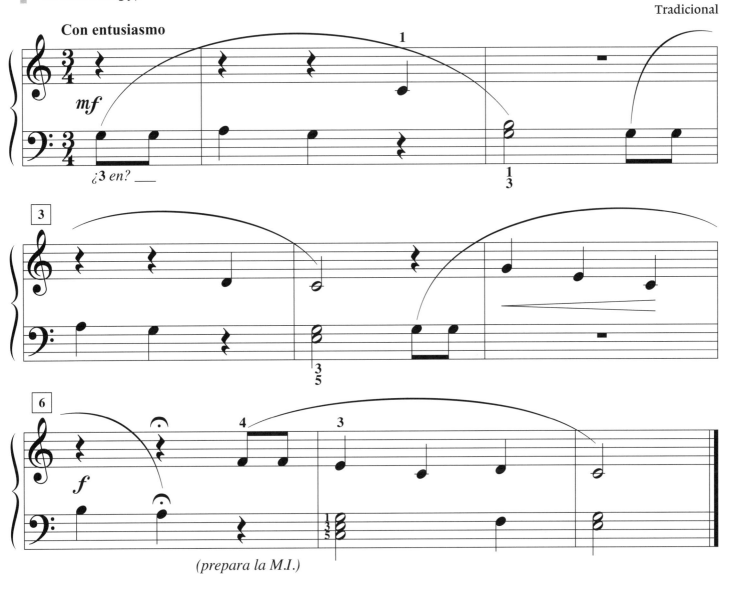

¿3 en? ___

(prepara la M.I.)

Dibuja una flecha hacia arriba ↑ sobre la anacrusa y una flecha hacia abajo ↓ sobre el primer tiempo del compás 1.

Acompañamiento (el alumno toca *1 octava más alto*)**:**

con pedal

Acorde de DO mayor

El acorde de DO mayor está formado por 3 notas
que suben por **terceras** desde DO.

- SOL es la 5.ª
- MI es la 3.ª
- DO es la fundamental

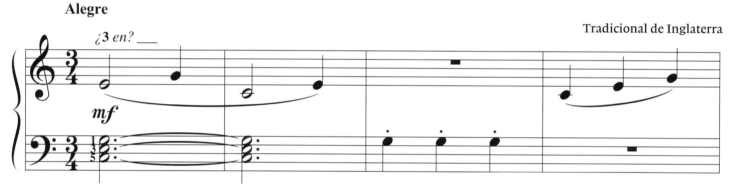

Alfabeto musical

En muchos géneros musicales como el *jazz*, el *blues* y la música popular,
a menudo se usa el alfabeto musical para indicar los acordes del acompañamiento.

Alfabeto musical:	A	B	C	D	E	F	G
Equivale a:	LA	SI	DO	RE	MI	FA	SOL

Letra mayúscula sola = **acorde mayor**   Ejemplos: **C** = DO mayor
Letra mayúscula + "m" minúscula = **acorde menor**   **Cm** = DO menor

Canción folclórica en DO

Alegre

Tradicional de Inglaterra

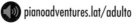

Csus4

El acorde de DO con 4.ª suspendida
(abreviado **Csus4**) usa la 4.ª nota (FA)
en vez de la 3.ª nota (MI) para dar una
sensación de suspenso.

Usualmente el acorde con 4.ª suspendida
resuelve hacia un **acorde de DO**, dando
así una sensación de descanso.

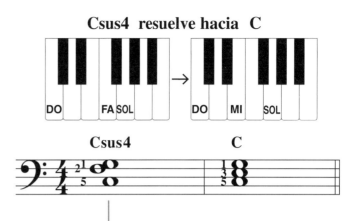

Cifrado de acordes

El cifrado usa las letras del alfabeto musical
para indicar los acordes encima del pentagrama.

La gavota es una danza movida en $\frac{4}{4}$ de origen francés.
Normalmente inicia con anacrusa de dos tiempos.

Gavota

Georg Friedrich Händel
(1685–1759, Alemania)
adaptación

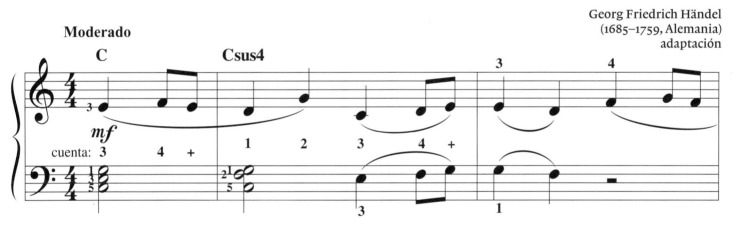

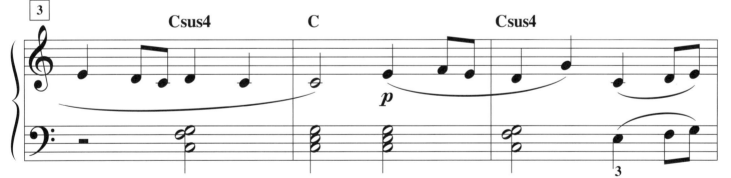

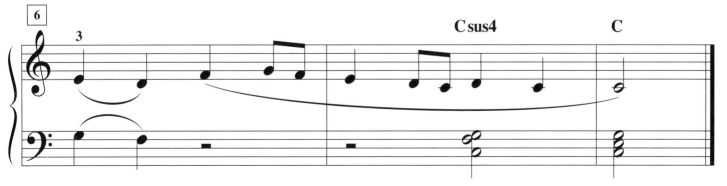

SI debajo del DO Central

Toca estas notas mientras dices sus nombres en voz alta.

■ ¿DO es nota de línea o de espacio?

DO   SI = DO   SI

■ ¿SI es nota de línea o de espacio?

Ejercicios de calentamiento para la M.D.

1. En este ejercicio debes *extender* el pulgar para tocar el **SI debajo del DO Central.**

2. Ahora cruza el dedo 2 *sobre* el pulgar para tocar el **SI debajo del DO Central.**

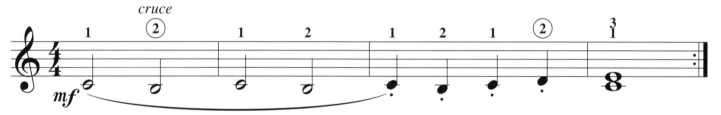

Acompañamiento para la página 79 (el alumno toca *1 octava más alto*):

IEFF1302ES

Simple Gifts

■ ¿En qué tiempo del compás
inicia esta canción?

Himno tradicional
adaptación

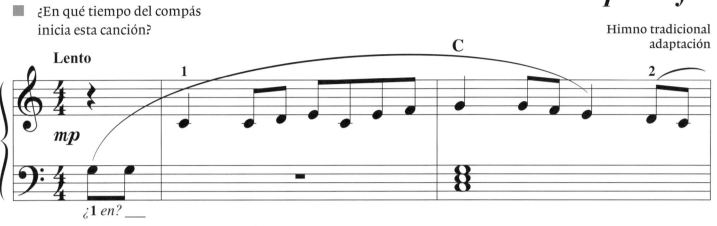

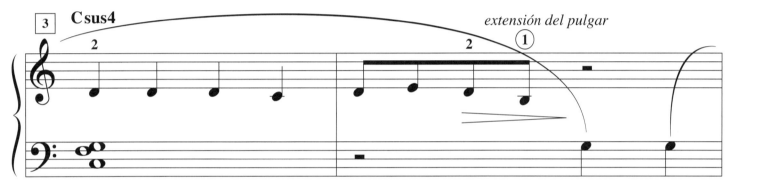

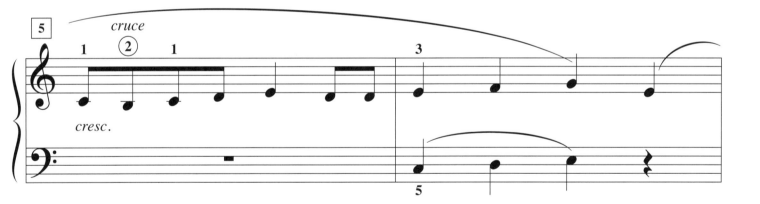

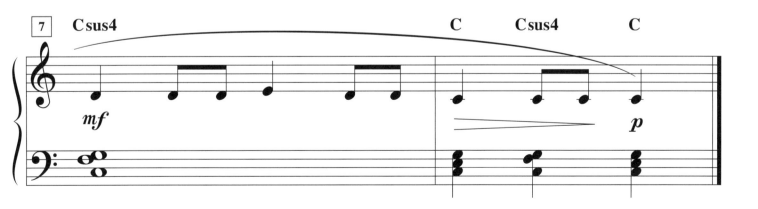

pianoadventures.lat/adulto

Repaso: tempo

La velocidad de la música se llama **tempo**.

- Marca el ritmo de cada ejercicio mientras cuentas en voz alta a un tempo moderado.

- Practica en el piano variando el tempo:
  - primero **lento**
  - luego **moderado**
  - por último **rápido**

Ejercicios rítmicos

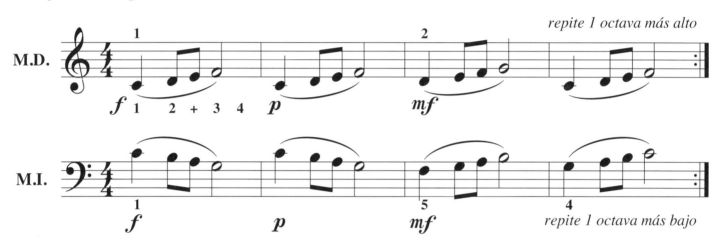

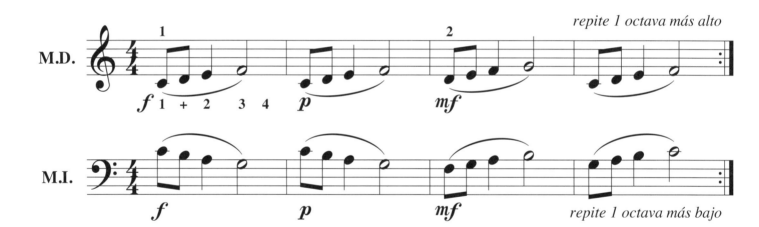

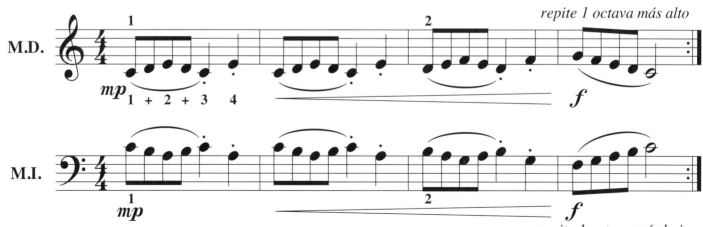

   pianoadventures.lat/adulto   IEFF1302ES

Repaso de las corcheas (ver la página 70)

 = ♩ 1 tiempo

1. En cada cuadro, dibuja *una nota* que dure lo mismo que la suma de las corcheas.

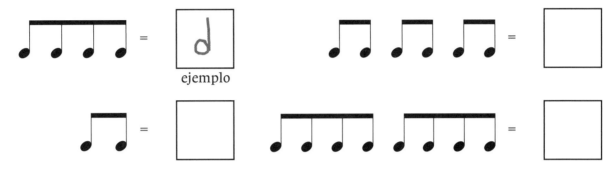

2. Los siguientes compases están incompletos. Complétalos usando **corcheas** (♫ o ♬♬).
Luego toca los ritmos en cualquier tecla del piano a un tempo moderado.

3. Escribe **1 + 2 + 3 + 4 +** (1 y 2 y 3 y cua-tro) debajo de esta melodía. Luego tócala a primera vista.
Asegúrate de contar un compás antes de comenzar para tener un pulso estable.

Escribe **1 + 2 + 3 +** debajo de esta melodía. Luego tócala a primera vista mientras cuentas en voz alta.

4. Identifica cada acorde como **DO (C)** o **DO con 4.ª suspendida (Csus4)**. Luego toca cada uno.

Ejemplo: Csus4

Espacios en clave de SOL

FA-LA-DO-MI de espacio

Las notas que se escriben en los espacios de la clave de SOL son: **FA-LA-DO-MI**.

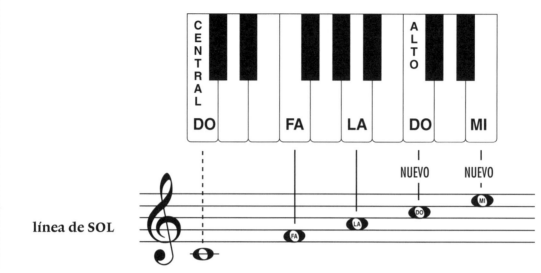

línea de SOL

Ejercicio de calentamiento: notas de espacio

■ Comenzando en el FA que está arriba del DO Central, **toca** y **di los nombres** de las notas FA-LA-DO-MI, subiendo y bajando. Usa el dedo 2 de la M.D.

■ ¿Estás tocando **2.**ªˢ o **3.**ªˢ?

Luna en el agua

■ Escribe los nombres de las notas de los *compases 1-4*.

Acompañamiento (el alumno toca *1 octava más alto*, **sin pedal**):

pianoadventures.lat/adulto

IEFF1302ES

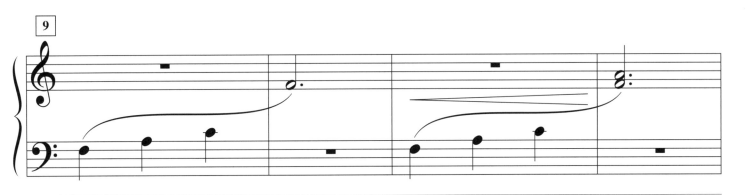

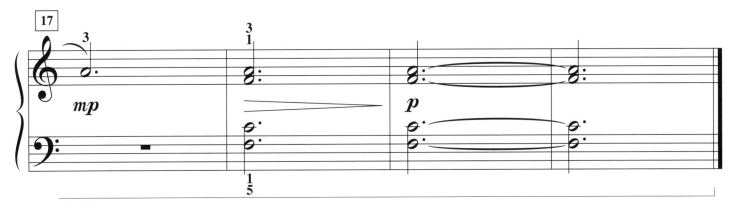

 DESCUBRIMIENTO Transpón *Luna en el agua* a la **escala de DO de 5 dedos.**

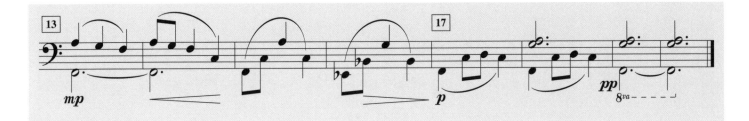

Esta bella melodía antigua data de hace cerca de 500 años. A través de los siglos se le han adaptado distintas letras, como por ejemplo la de una canción italiana, himnos de Israel y España o canciones populares de Polonia y Suecia.

Una melodía de 500 años

Basada en una melodía
italiana del Siglo XVI

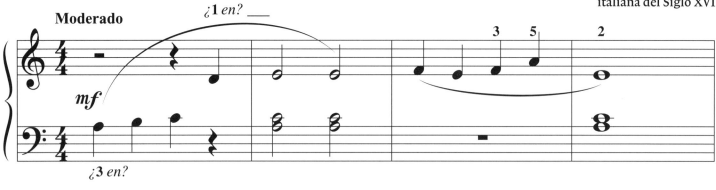

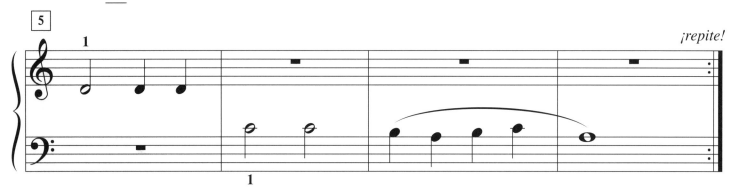

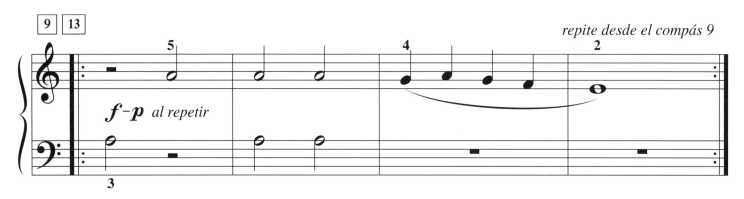

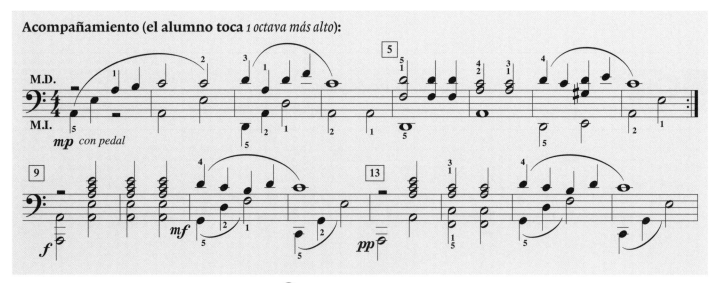

pianoadventures.lat/adulto

IEFF1302ES

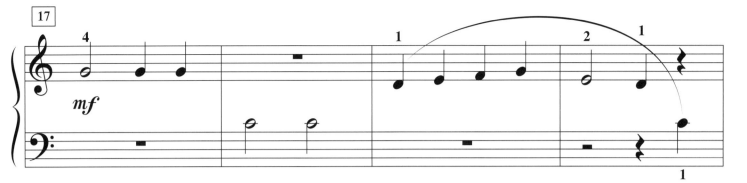

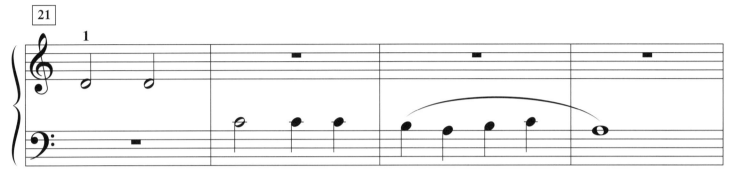

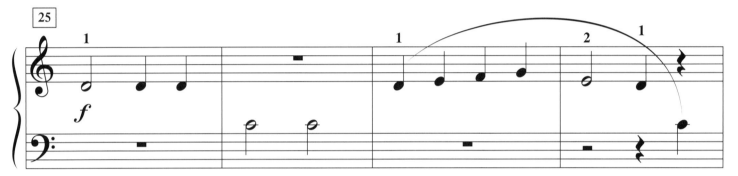

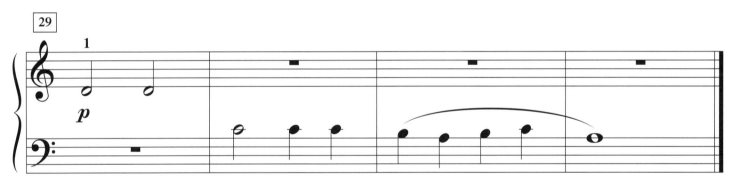

DESCUBRIMIENTO ¿Puedes nombrar los **matices** de esta pieza? ¿Qué significa cada uno?

Acorde de FA mayor

El **acorde de FA mayor** está formado por 3 notas que suben por *terceras* desde FA.

Recuerda: FA equivale a F en el alfabeto musical (ver p. 76).

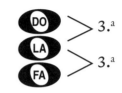

acorde de FA (F)

Ejercicio de calentamiento: acorde de FA

◾ Encuentra en el teclado el **acorde de FA** con la M.I.

◾ Practica el ejercicio con la M.I. hasta que lo puedas tocar con facilidad.

◾ Luego repítelo con los dedos 1-3-5 de la M.D. tocando una octava más alto.

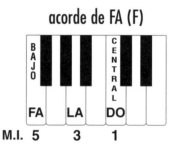

Nota: para aprender la **escala de FA de 5 dedos**, ver la página 177.

Toque de trompeta

Tradicional de EE.UU.

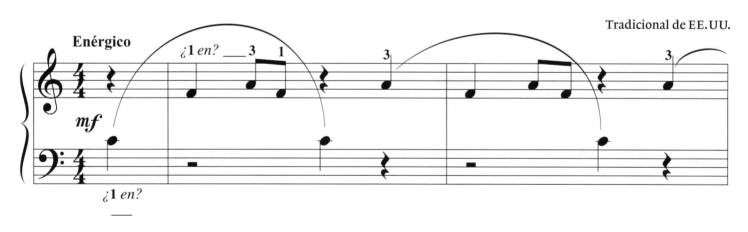

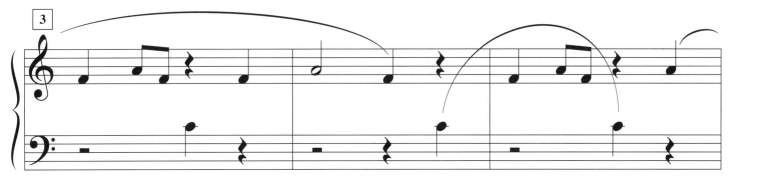

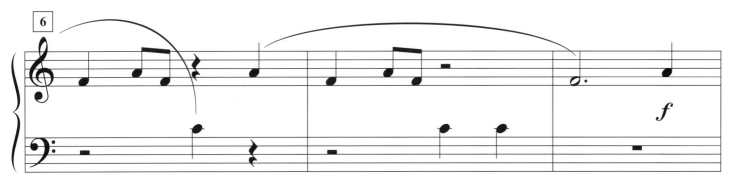

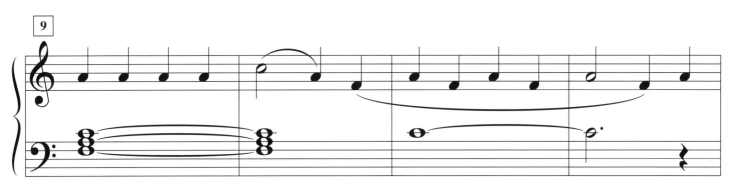

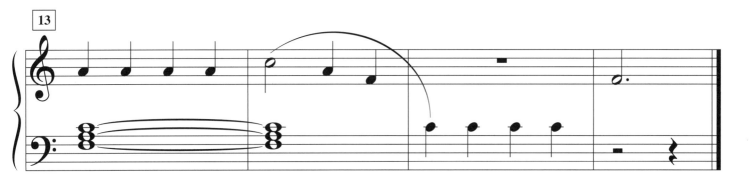

 DESCUBRIMIENTO Transpón *Toque de trompeta* a la **escala de DO de 5 dedos.**
Lee los intervalos y déjate guiar por la digitación y por tu oído.

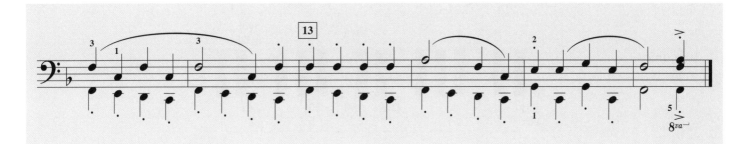

Arpegio

La palabra *arpegio* viene de "arpa". En un arpegio las **notas de un acorde** se tocan una a la vez, ya sea subiendo o bajando por el teclado.

Practica estos arpegios con cruce de manos hasta que puedas tocarlos con facilidad.

Arpegios
con cruce de manos

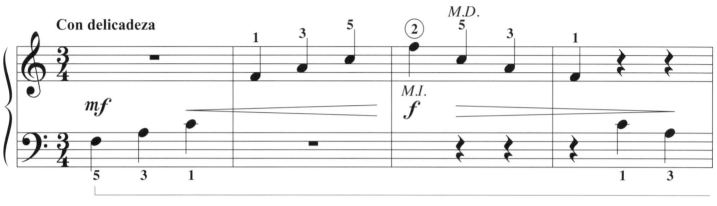

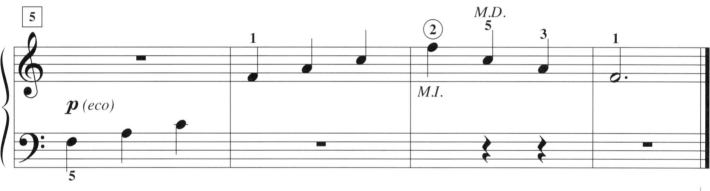

Sigue tocando *Arpegios con cruce de manos* en las siguientes posiciones:

baja una 2.ª
y **comienza en MI**

baja una 2.ª
y **comienza en RE**

baja una 2.ª
y **comienza en DO**

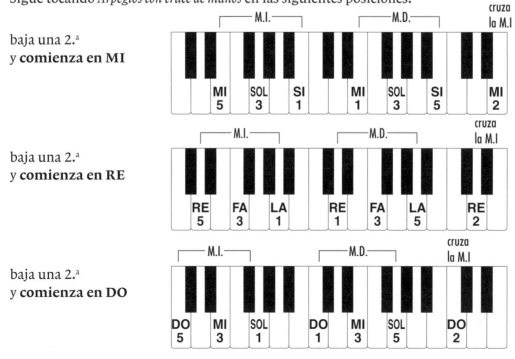

pianoadventures.lat/adulto

IEFF1302ES

1. Escribe los nombres de las notas. Luego toca cada una con la M.D. Usa la digitación correcta.

2. Escribe los tiempos debajo de los ejemplos **a** y **b**. Marca el ritmo contando en voz alta.
Luego toca a primera vista.

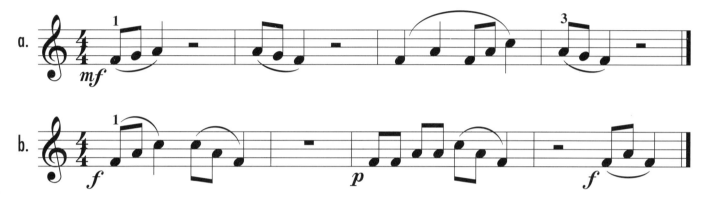

ENTRENAMIENTO AUDITIVO

Tu profesor tocará la nota escrita en cada ejemplo y luego otra nota, ya sea una 3.ª arriba o una 3.ª abajo. Escucha con atención y dibuja la nota que hayas escuchado. Toca ambas notas.

Improvisación con FA-LA-DO-MI en clave de SOL

■ Pídele a un amigo o a tu profesor que toque el acompañamiento. Primero *escucha* y siente el pulso.

■ Cuando estés listo, improvisa una melodía usando FA-LA-DO-MI en clave de SOL en cualquier orden.

posición de la M.D.

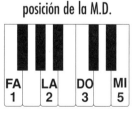

Acompañamiento (el alumno toca en el *registro agudo*):

Escala de DO Alto de 5 dedos

DO-RE-MI-FA-SOL Altos

Aprende y memoriza estas notas que suben por 2.ᵃˢ desde el **DO Alto** (ya conoces las notas encerradas en círculos).

Toca y di: **DO Alto**   **RE**   **MI**   **FA**   **SOL**
espacio - línea - espacio - línea - espacio

Practica esta pieza de distintas maneras:

- ◼ Leyendo las 2.ᵃˢ, 3.ᵃˢ y *notas repetidas.*

- ◼ Identificando cada una de las notas: **DO, RE, MI, FA y SOL Altos.**

- ◼ Tocando lento mientras cuentas en voz alta.

Danza de mayo

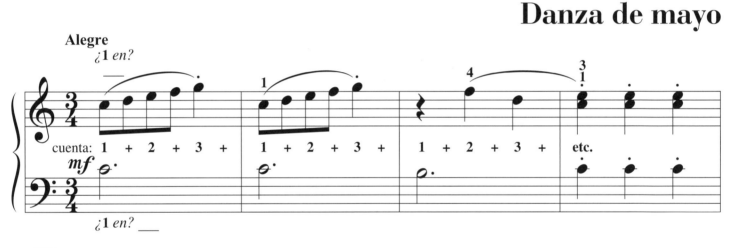

Acompañamiento (el alumno toca *1 octava más alto*):

 pianoadventures.lat/adulto

IEFF1302ES

Marcha de los santos

Tradicional de EE.UU.

Acompañamiento (el alumno toca *1 octava más alto*)**:**

 pianoadventures.lat/adulto

Repaso: *rit.* - *ritardando* (ver la página 66).

Significa una disminución gradual de la velocidad de la música.
A menudo *ritardando* se abrevia *ritard.* o *rit.*

Observa que en el *compás 25* la M.D. sube al DO Alto.

Celebración africana

Tradicional de África

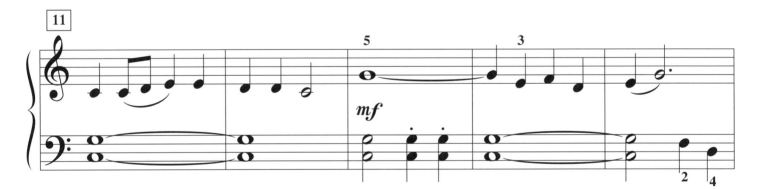

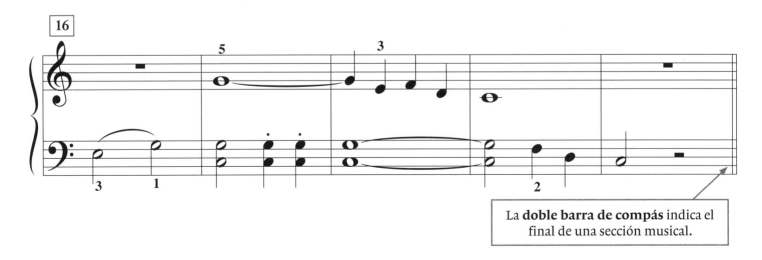

La **doble barra de compás** indica el
final de una sección musical.

pianoadventures.lat/adulto

IEFF1302ES

(prepara la M.D.)

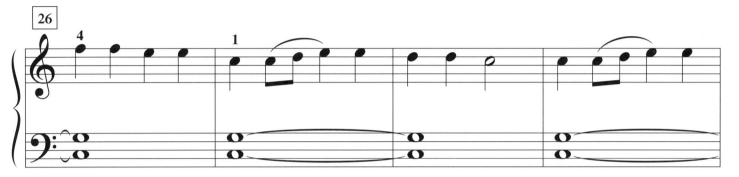

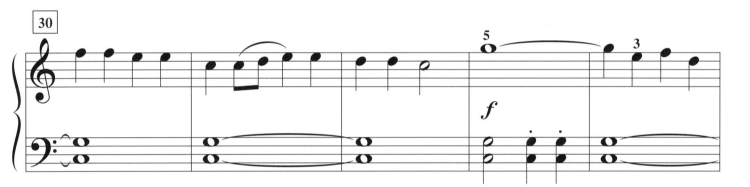

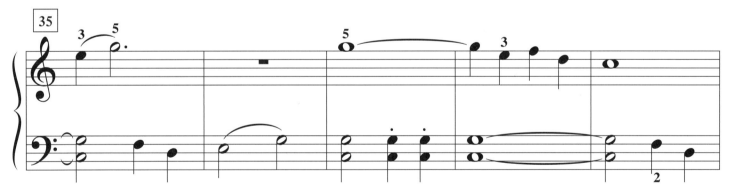

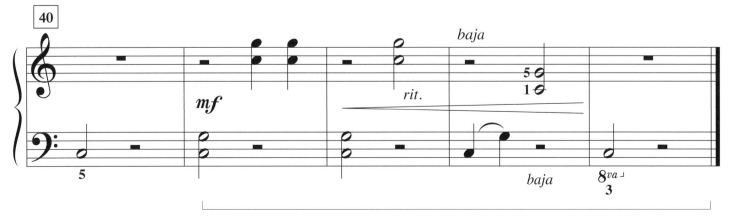

Imitación

Cuando una idea musical se toca con una mano e inmediatamente se repite con la otra,
tenemos una imitación. Vuelve a la página 91 y encuentra la imitación en esa pieza.

■ Observa que la M.D. *imita* cada patrón musical de la M.I.
Toca con las puntas de los dedos firmes y con un pulso estable.

■ Los silencios de blanca te darán el tiempo necesario para
preparar los cambios de posición de la M.D.

Estudio imitativo

pianoadventures.lat/adulto

IEFF1302ES

1. Dibuja las notas de la **escala de DO de 5 dedos** en tres lugares distintos del sistema para piano. Usa redondas. Luego escribe los nombres de las notas.

comienza en **DO Bajo** comienza en **DO Central** comienza en **DO Alto**

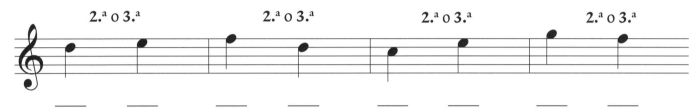

DO Alto __ __ __ __

DO Central __ __ __ __

DO Bajo __ __ __ __

2. Encierra en un círculo la respuesta correcta en cada compás (**2.ª** o **3.ª**). Luego escribe los nombres de las notas.

2.ª o 3.ª   2.ª o 3.ª   2.ª o 3.ª   2.ª o 3.ª

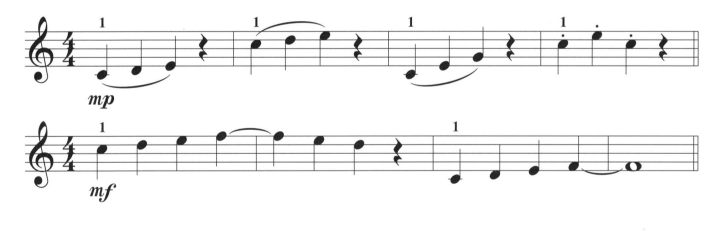

3. Toca a primera vista. Observa las ligaduras de fraseo y de prolongación (no olvides marcar un compás completo con un pulso estable antes de comenzar).

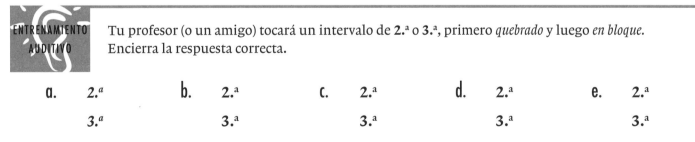

mp

mf

ENTRENAMIENTO AUDITIVO — Tu profesor (o un amigo) tocará un intervalo de **2.ª** o **3.ª**, primero *quebrado* y luego *en bloque*. Encierra la respuesta correcta.

a. 2.ª   **b.** 2.ª   **c.** 2.ª   **d.** 2.ª   **e.** 2.ª

3.ª   3.ª   3.ª   3.ª   3.ª

Para uso exclusivo del profesor (los ejemplos se pueden tocar en cualquier orden y repetir varias veces):

Escala de SOL de 5 dedos

SOL-LA-SI-DO-RE en el sistema para piano

Las notas de la **escala de SOL de 5 dedos** son: **SOL, LA, SI, DO** y **RE**.

■ Encuentra y toca estas escalas de SOL de 5 dedos en el teclado. Di los nombres de las notas en voz alta.

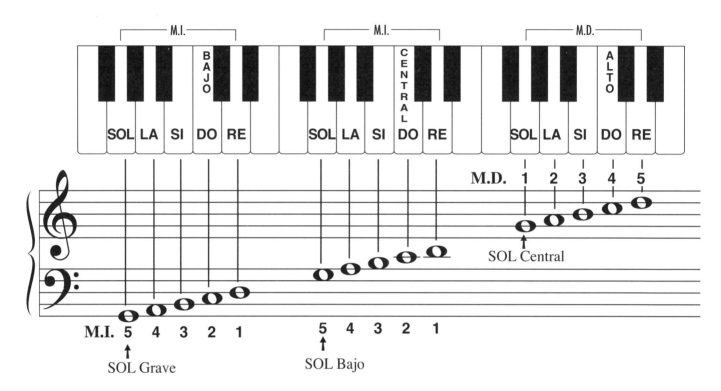

Repaso: octava (ver la página 64)

La distancia entre un SOL y el siguiente SOL, tanto hacia arriba como hacia abajo, es de una *octava* (8 notas).

■ Practica el *Ejercicio de octavas* para memorizar la ubicación de los tres SOL en el teclado.

Ejercicio de octavas

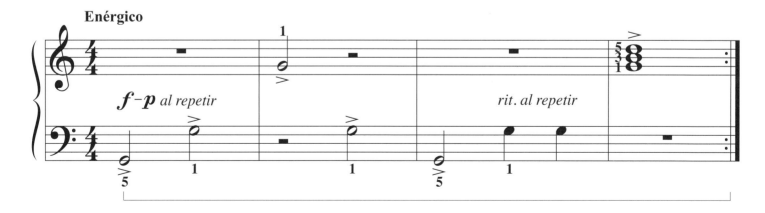

pianoadventures.lat/adulto
IEFF1302ES

Escala de SOL en el registro agudo

acorde de SOL

Registro central

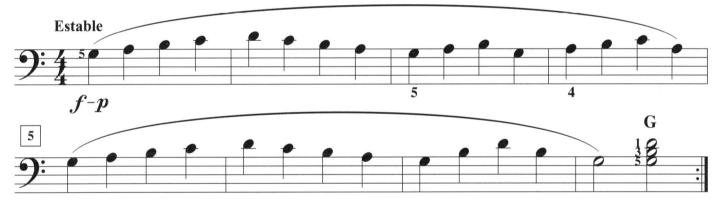

Registro grave

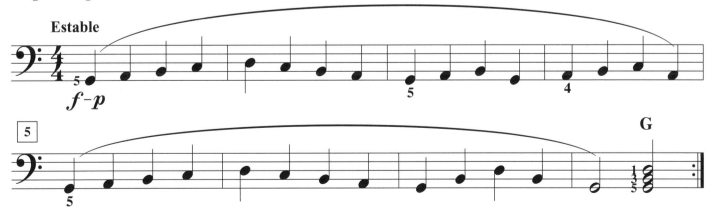

Indicaciones de tempo

Recuerda, la palabra "tempo" se refiere a la velocidad de la música. La indicación de tempo se encuentra al principio de las piezas, justo por encima del signo de compás. Normalmente se usan palabras en italiano.

◄─── **MÁS LENTO** ───   ─── **MÁS RÁPIDO** ───►

Andante
"caminando"

Moderato
moderado

Allegro
rápido y vivo

Musette

Una *musette* es una pieza vivaz que imita el sonido de una gaita.

Compositor desconocido
del *Pequeño libro de
Anna Magdalena Bach*
adaptación

■ ¿Cuál **escala de 5 dedos** se usa en esta pieza? _____

DESCUBRIMIENTO Transpón *Musette* a la **escala de DO de 5 dedos.** Si quieres intentar más escalas, mira la página 176.

¿Cuál **escala de 5 dedos** se usa
en esta pieza? _____

Turkey in the Straw

Tradicional de EE.UU.
adaptación

 DESCUBRIMIENTO Transpón esta pieza a la **escala de DO de 5 dedos.** Si quieres intentar más escalas, mira la página 176.

Acordes de SOL

Practica el siguiente ejercicio de calentamiento para la M.I. con los
acordes de SOL (G) y **SOL con 4.ª suspendida (Gsus4).**

quebrado   en bloque   quebrado   en bloque

Tema de Mozart*

Wolfgang Amadeus Mozart
(1756-1791, Austria)
adaptación

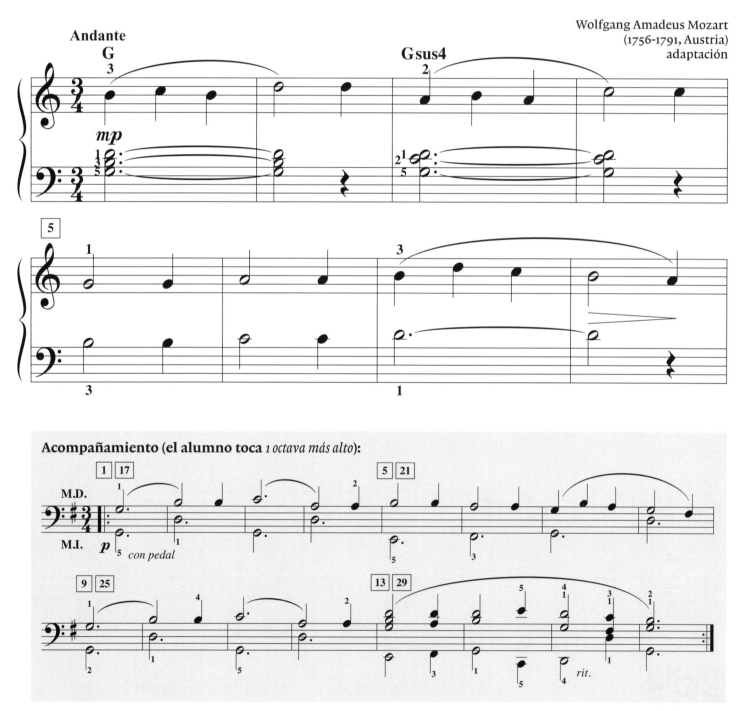

Acompañamiento (el alumno toca *1 octava más alto*):

*De la *Sonata en LA mayor*, K. 331

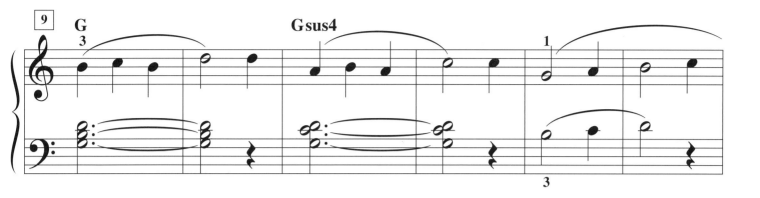

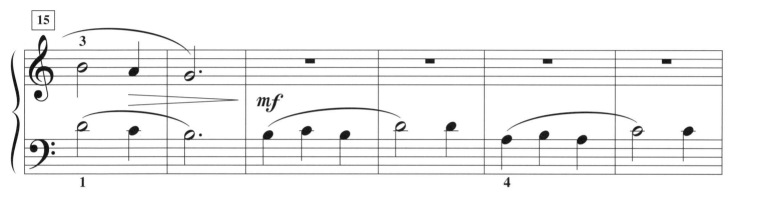

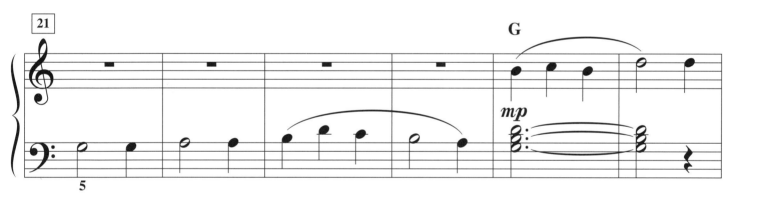

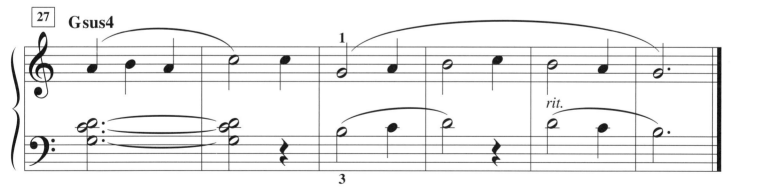

 ¿Cuántos tiempos duran los *silencios de redonda* en esta pieza?

■ Marca el ritmo, contando en voz alta:
 "1 - 2 - 3 - 4, 1 y 2 y 3 y cua-tro," etc.

■ ¿Cuál **escala de 5 dedos** se usa en esta pieza? _____

■ Toca la pieza, contando en voz alta.

Desfile de dedos

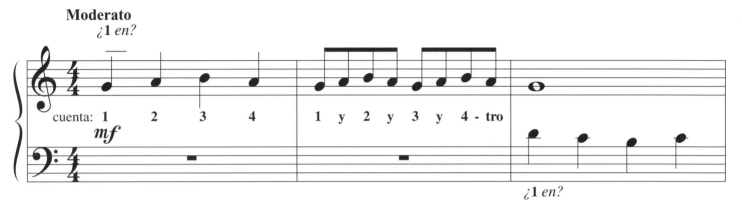

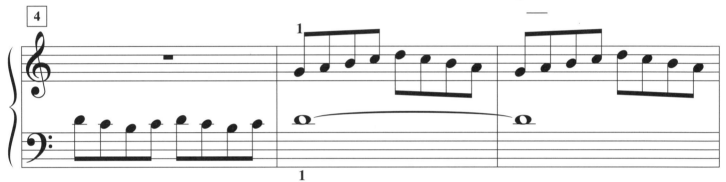

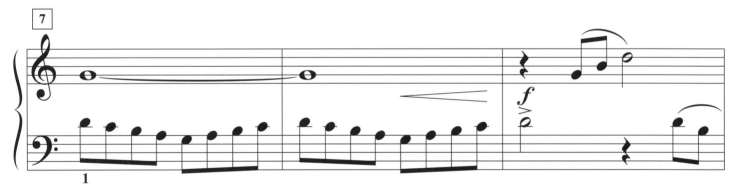

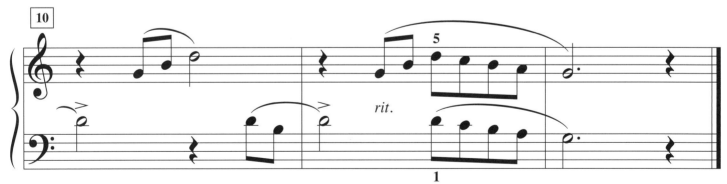

 DESCUBRIMIENTO   Transpón *Desfile de dedos* a la **escala de DO de 5 dedos.**

    pianoadventures.lat/adulto   IEFF1302ES

■ Toca a primera vista estas melodías que usan la **escala de SOL de 5 dedos**.

■ Luego, armonízalas escribiendo **G** o **Gsus4** en los recuadros. Escucha y confía en tu oído.

■ Por último, toca cada melodía junto con los acordes.

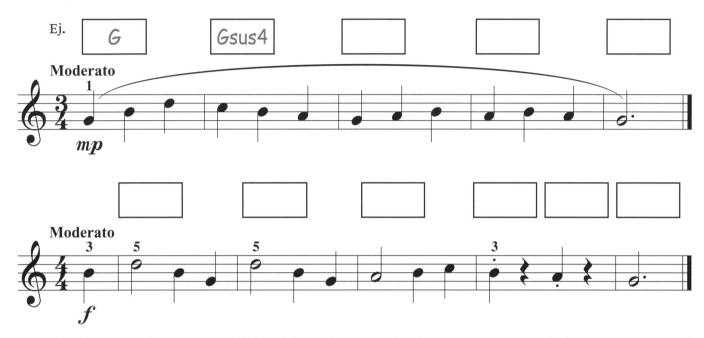

Tu profesor (o un amigo) tocará un ejemplo musical corto que terminará con un acorde de SOL (**G**) o de SOL con 4.ª suspendida (**Gsus4**). Escucha y encierra en un círculo la respuesta correcta.

Pista: el acorde de SOL (**G**) suena *tranquilo* y **conclusivo**.
 El acorde de SOL con 4.ª suspendida (**Gsus4**) suena *inquieto* e **incompleto**.

a. G
 Gsus4

b. G
 Gsus4

c. G
 Gsus4

d. G
 Gsus4

Para uso exclusivo del profesor (los ejemplos se pueden tocar en cualquier orden):

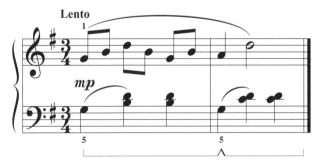

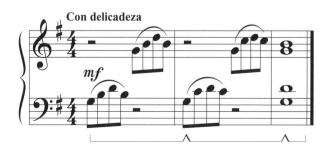

Sostenidos y bemoles

Semitono

Un **semitono** es la distancia que hay entre una tecla y la tecla *más cercana*.

■ Encuentra y toca estos semitonos en el piano. ¿Puedes tocar más semitonos?

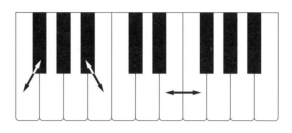

Sostenido ♯

Significa que hay que tocar un **semitono MÁS ALTO**.

■ Toca estas teclas subiendo por el teclado mientras dices sus nombres en voz alta. Usa el **dedo 2 de la M.D.**

Observa que:

MI♯=FA   SI♯=DO

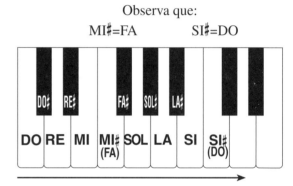

■ Toca lentamente este ejercicio de calentamiento con la digitación correcta.

Ejercicio con sostenidos

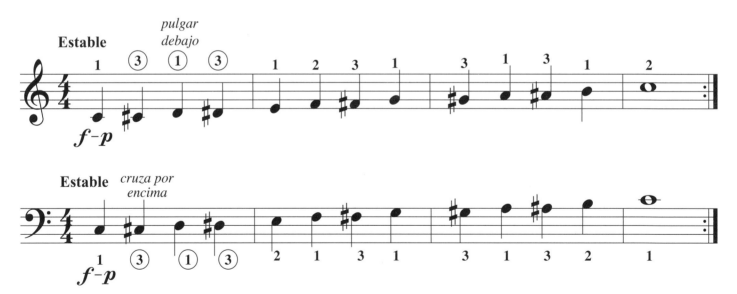

Reglas para los sostenidos (ver la página 105)

■ El sostenido vale en todo el compás, pero no en el siguiente (ver el *compás 14*).

■ En un compás nuevo hay que volver a escribir el sostenido.

Nota: los bemoles se presentan en la página 108.

La banda del medio tiempo

Enérgico

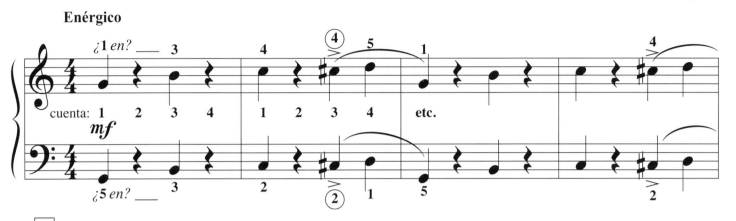

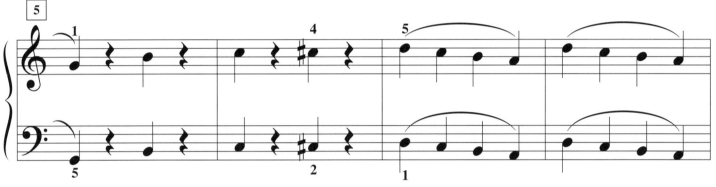

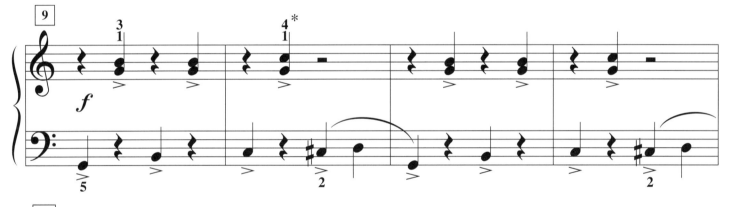

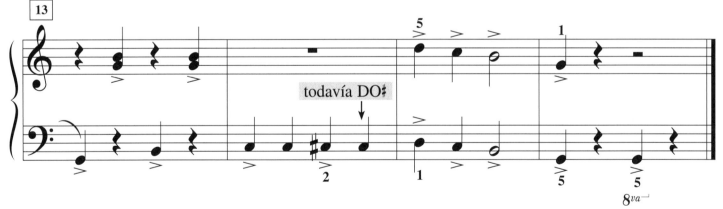

todavía DO#

8va

 **DESCUBRIMIENTO** ¿Cuál escala de 5 dedos se usa en esta pieza? _____
Transpón *La banda del entretiempo* a la **escala de DO de 5 dedos.**

*Este es un intervalo de 4.ª. Las 4.ªˢ se presentan en la página 116.

Greensleeves

Canción del folclor inglés
adaptación

Con fluidez y delicadeza

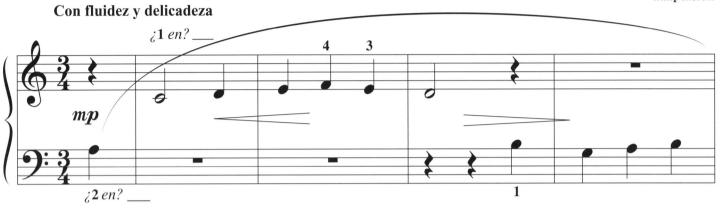

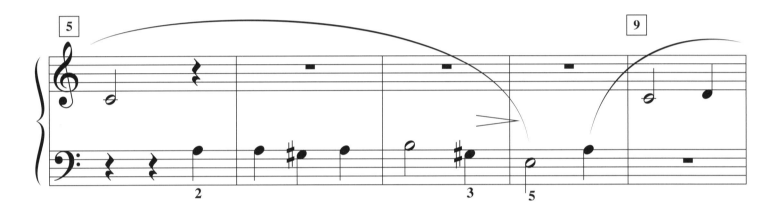

Acompañamiento (el alumno toca *1 octava más alto*)**:**

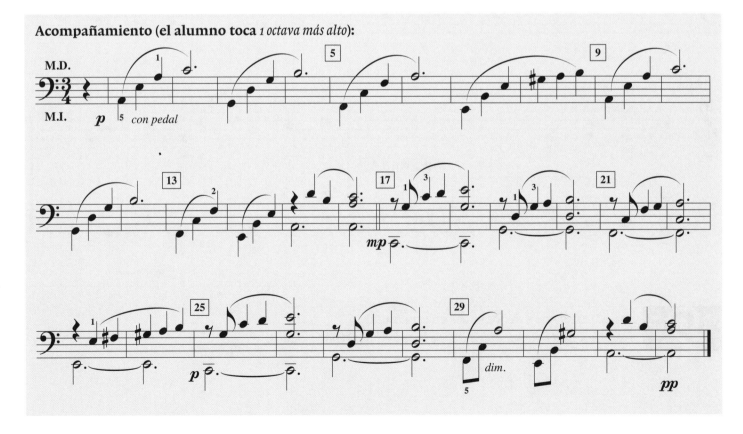

pianoadventures.lat/adulto

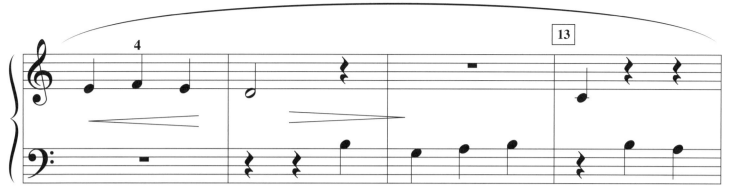

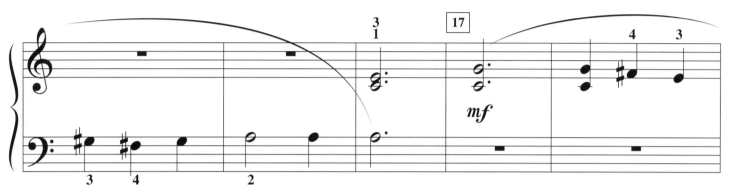

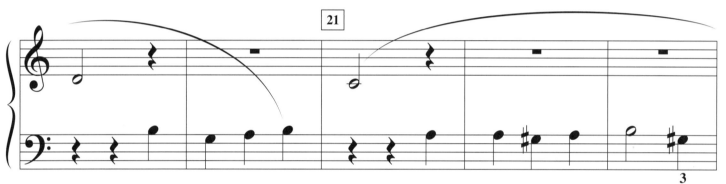

 DESCUBRIMIENTO ¿Cuántos tiempos duran los *silencios de redonda* en esta pieza?

Bemol ♭

Significa que hay que tocar un **semitono MÁS BAJO**.

■ Toca estas teclas bajando por el teclado
mientras dices sus nombres en voz alta.
Usa el **dedo 2 de la M.D.**

Observa que:

FA♭=MI   DO♭=SI

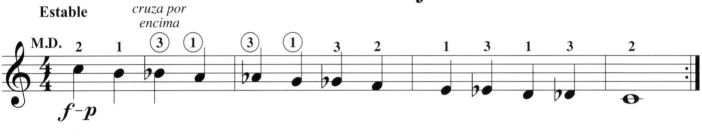

■ Toca lentamente este ejercicio
de calentamiento con la
digitación correcta.

Ejercicio con bemoles

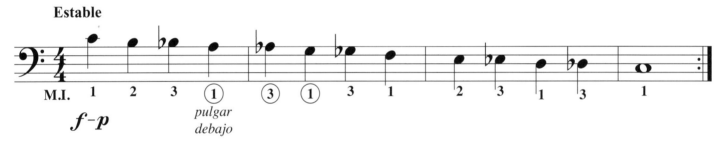

Acompañamiento para la página 109 (el alumno toca *1 octava más alto*):

Reglas para los bemoles

■ El bemol vale en todo el compás, pero no en el siguiente (ver el *compás 3*).

■ En un compás nuevo hay que volver a escribir el bemol.

Romanza
(de la *Pequeña serenata nocturna*)

Wolfgang Amadeus Mozart
(1756-1791, Austria)
adaptación

DESCUBRIMIENTO Las corcheas en esta pieza comienzan en el tiempo: **1 2 3 4** *(encierra la respuesta correcta).*

Becuadro

El **becuadro** cancela un sostenido o un bemol.
Una nota con becuadro siempre se toca en tecla blanca.

■ Toca:

A veces se escribe un becuadro como recordatorio para tocar
una tecla blanca en un compás nuevo (ver el *compás 6*).

A estos se les llama becuadros "de cortesía".

Vals de *La bella durmiente*

Pyotr Ilyich Tchaikovsky
(1840-1893, Rusia)
adaptación

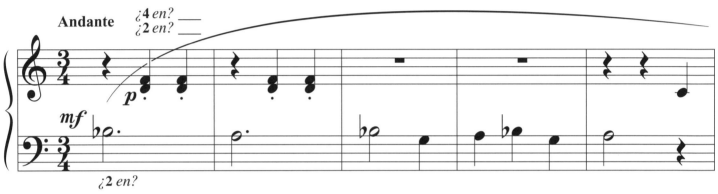

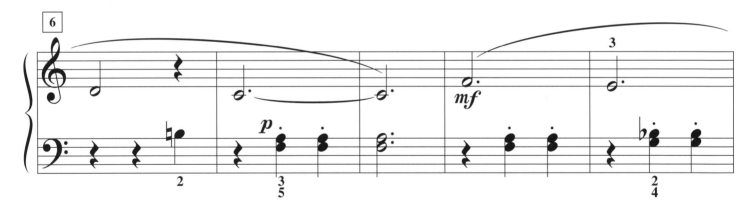

Acompañamiento (el alumno toca *1 octava más alto,* **sin pedal):**

pianoadventures.lat/adulto

IEFF1302ES

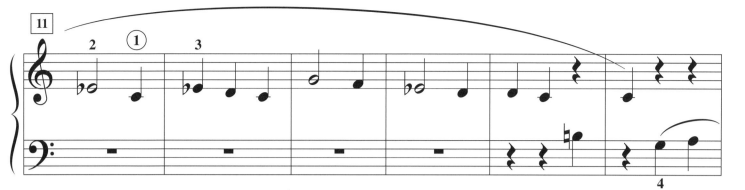

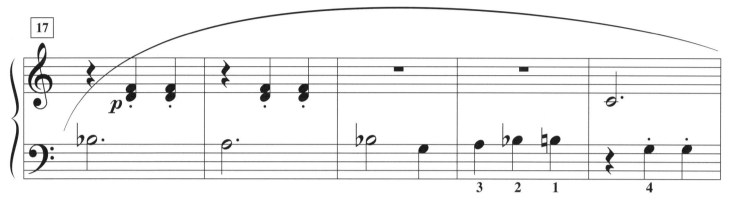

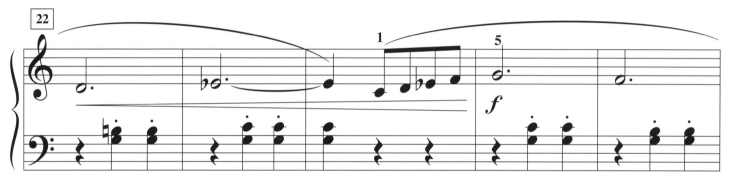

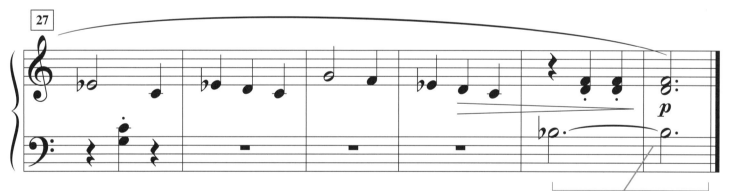

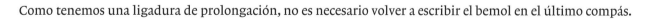

Como tenemos una ligadura de prolongación, no es necesario volver a escribir el bemol en el último compás.

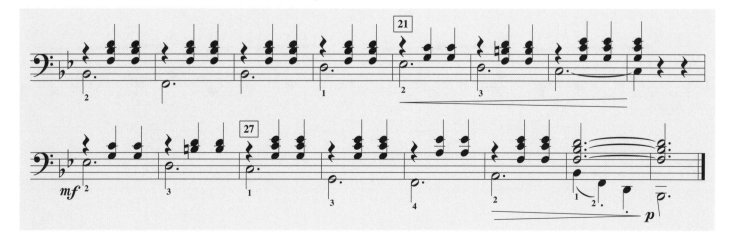

Tonos

Un **tono** contiene dos semitonos.
Piensa en un tono como la distancia entre dos teclas con una tecla de por medio.

■ Encuentra y toca
estos tonos en
el teclado.

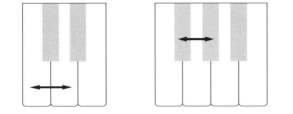

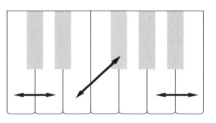

Esta pieza representa los retumbantes truenos en las montañas, la lluvia y el sol que emerge tras la tormenta.

■ En los primeros cuatro compases se usan *tonos,* comenzando
en los **DO y RE más bajos** del teclado.

■ Pon atención a los matices para lograr un sonido expresivo.

La tormenta y el arcoíris

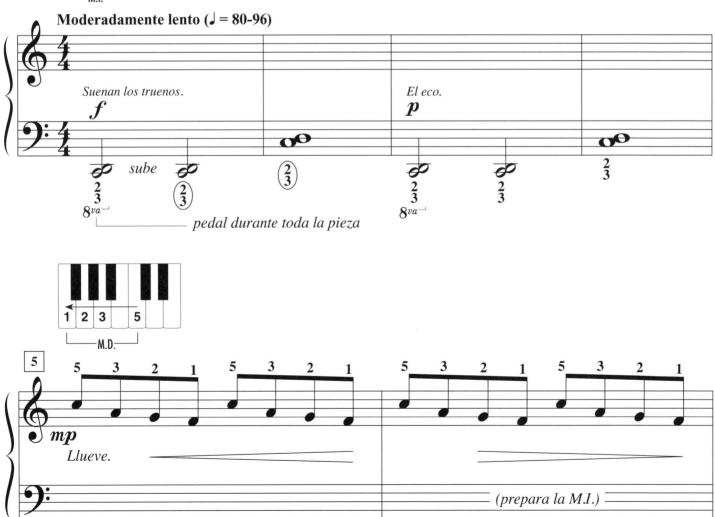

pianoadventures.lat/adulto

IEFF1302ES

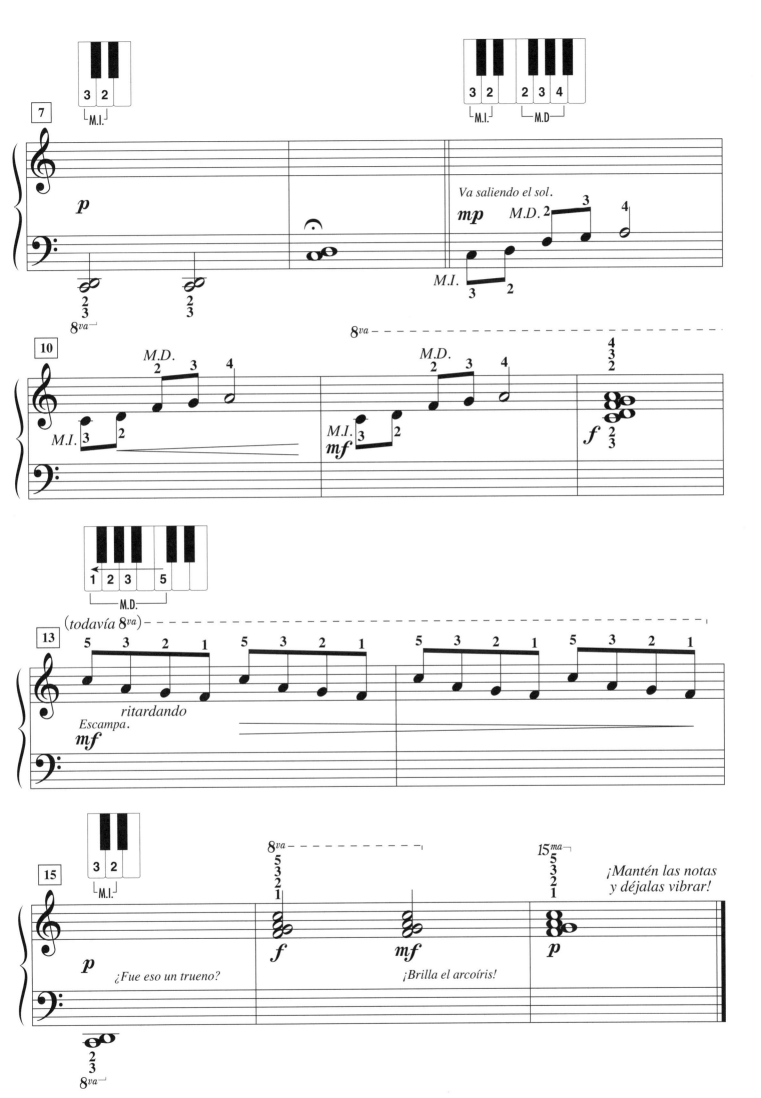

Dos tipos de 2.ᵃˢ

Las notas de una escala suben o bajan por **segundas**.
Una 2.ª puede ser un *tono* o un *semitono*.

Las **escalas mayores de 5 dedos** usan el siguiente patrón:
Tono - Tono - Semitono - Tono

Observa el diagrama a la derecha.
Fíjate en el patrón de **T T S T**.

Estudio

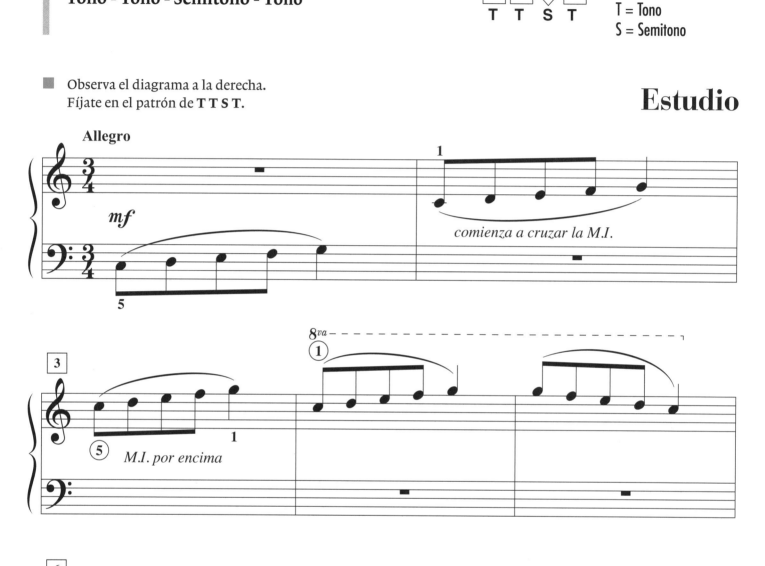

 DESCUBRIMIENTO Transpón este estudio a la **escala de SOL mayor de 5 dedos**.

El patrón **Tono-Tono-Semitono-Tono** te ayudará a aprender las escalas mayores de 5 dedos de **RE** y **LA**. Memoriza cómo se ven y cómo se sienten estas escalas.

■ Primero toca con manos separadas, luego juntas.

Escalas de RE y LA mayores de 5 dedos

Más escalas mayores de 5 dedos

■ Transpón los ejercicios de arriba a otras escalas mayores de 5 dedos.

Los diagramas en el *Apéndice de escalas mayores de 5 dedos* (páginas 176-177) te ayudarán.
Nota: en total hay 12 escalas mayores de 5 dedos. Puedes aprenderlas y memorizarlas gradualmente.

DO SOL RE LA MI SI FA♯ (SOL♭) DO♯ (RE♭) LA♭ MI♭ SI♭ FA

Intervalos: 4.ᵃˢ, 5.ᵃˢ, 6.ᵃˢ

Los intervalos se pueden medir con facilidad en el teclado. Cuenta el **número de teclas blancas** (o notas) incluyendo la *primera* y la *última*. Este número le da el nombre al intervalo.

El intervalo de 4.ᵃ

Una **cuarta** (**4.ᵃ**) abarca 4 notas.

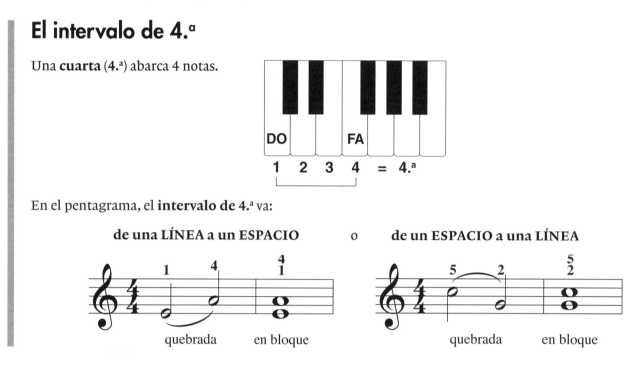

En el pentagrama, el **intervalo de 4.ᵃ** va:

de una LÍNEA a un ESPACIO   o   **de un ESPACIO a una LÍNEA**

quebrada   en bloque   quebrada   en bloque

■ ¿Cuál otro intervalo que conoces va de una **línea** a un **espacio** o de un **espacio** a una **línea**? _____

El intervalo de 5.ᵃ

Una **quinta** (**5.ᵃ**) abarca 5 notas.

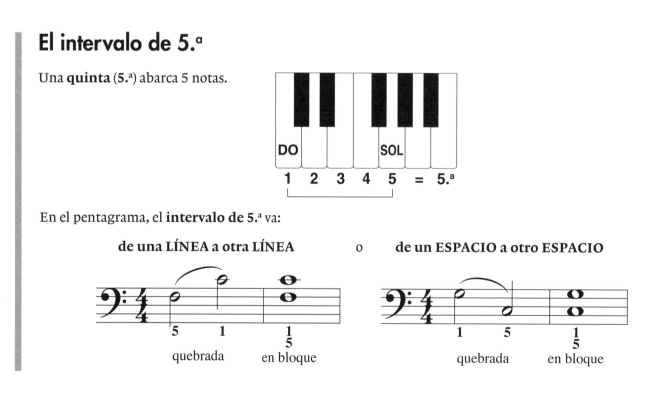

En el pentagrama, el **intervalo de 5.ᵃ** va:

de una LÍNEA a otra LÍNEA   o   **de un ESPACIO a otro ESPACIO**

quebrada   en bloque   quebrada   en bloque

■ ¿Cuál otro intervalo que conoces va de una **línea** a otra **línea** o de un **espacio** a otro **espacio**? _____

Nota: las 6.ᵃˢ se presentan en la página 122.

Practica las cuartas (4.ªs)

Para dibujar un intervalo, cuenta cada línea y cada espacio. Asegúrate de contar la primera y la última nota.

- ▦ Dibuja una **4.ª** hacia *arriba* de esta nota de línea.
- ▦ Luego toca y escucha cada intervalo.

- ▦ Dibuja una **4.ª** hacia *abajo* de esta nota de espacio.
- ▦ Luego toca y escucha cada intervalo.

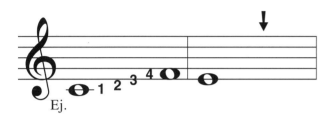

Pista: piensa en un **salto** más un **paso**.

Promenade
(de *Cuadros de una exposición*)

Modest Músorgski
(1839–1881, Rusia)
adaptación

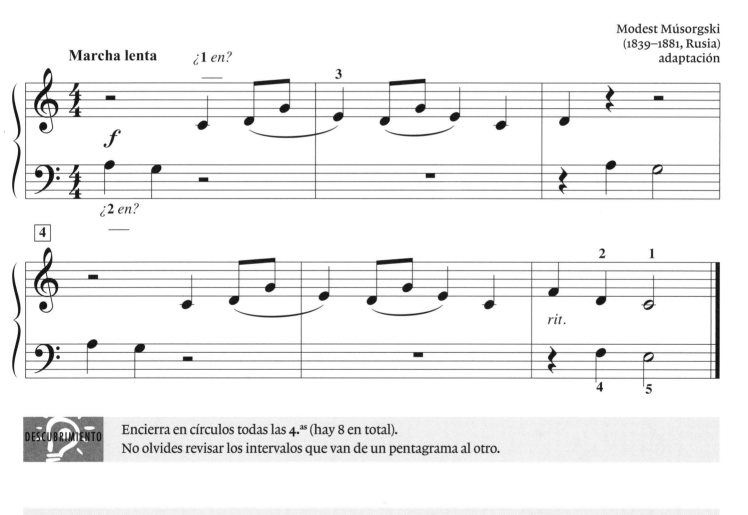

DESCUBRIMIENTO Encierra en círculos todas las **4.ªs** (hay 8 en total).
No olvides revisar los intervalos que van de un pentagrama al otro.

Acompañamiento (el alumno toca *1 octava más alto***):**

Revisa la forma musical

■ Marca cada sección de la forma musical de esta pieza.
Escribe **A**, **A¹** o *coda* en los recuadros.

Cometas chinas

 DESCUBRIMIENTO ¿Cuál escala de 5 dedos se usa en esta pieza? _____
Transpón *Cometas chinas* a las **escalas de SOL mayor** y **RE mayor de 5 dedos**.

■ Al final de esta pieza, la nota de arriba tiene una *ligadura de prolongación*
(dedo 4 de la M.D.) mientras los dedos 1 y 2 tocan **RE-MI.**

Danny Boy

Tradicional de Irlanda
adaptación

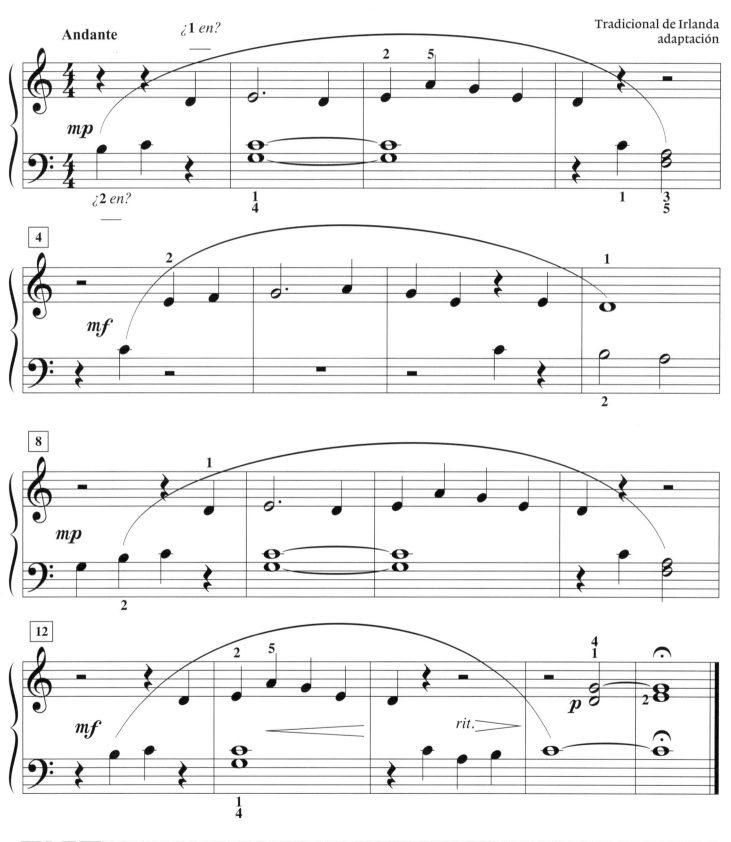

 DESCUBRIMIENTO ¿Cuántas frases musicales hay en esta adaptación de *Danny Boy*?

 pianoadventures.lat/adulto

Practica las quintas (5.ᵃˢ)

▪ Dibuja una **5.ᵃ** hacia *arriba* de esta nota de línea.

▪ Luego toca y escucha cada intervalo.

▪ Dibuja una **5.ᵃ** hacia *abajo* de esta nota de espacio.

▪ Luego toca y escucha cada intervalo.

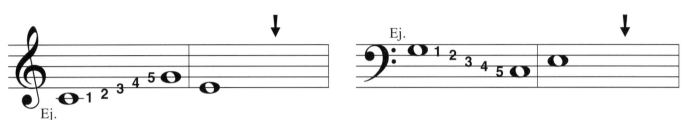

Pista: piensa en un salto más otro salto.

▪ Nombra los intervalos
(**2.ᵃ**, **3.ᵃ**, **4.ᵃ** o **5.ᵃ**) antes de tocar.

Sonidos de la nueva era

Andante

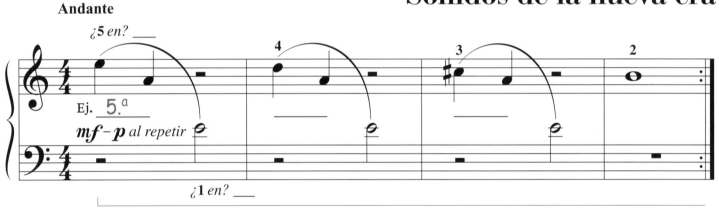

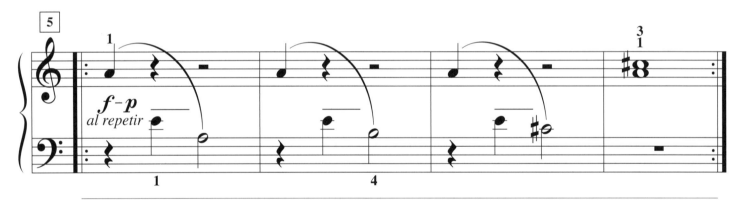

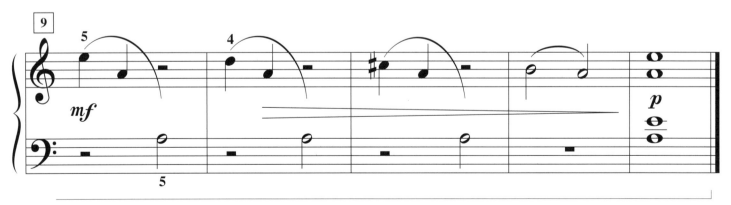

 DESCUBRIMIENTO ¿Cuál escala de 5 dedos se usa en esta pieza? _____
Transpón *Sonidos de la nueva era* a la **escala de RE de 5 dedos.**

pianoadventures.lat/adulto IEFF1302ES

Aria
(de *Las bodas de Fígaro*)

Wolfgang Amadeus Mozart
(1756-1791, Austria)
adaptación

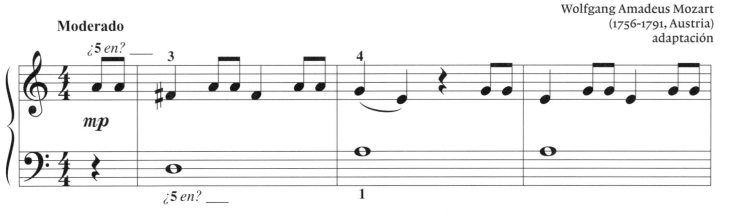

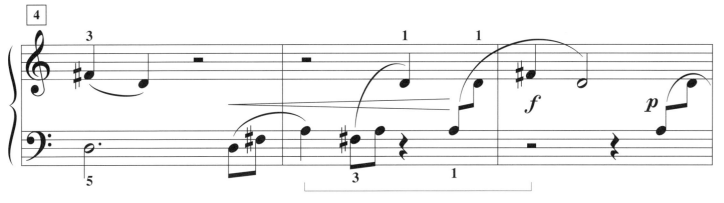

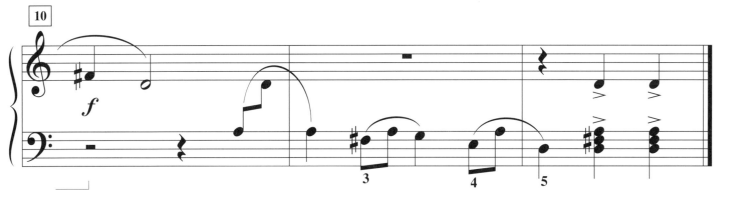

¿Cuál escala de 5 dedos se usa en esta pieza? _____ ¿Cuáles son las 3 notas que se usan en los *compases 4, 5 y 6*? ¿Qué **acorde mayor** forman estas notas?

El intervalo de 6.ª

Una **sexta** (**6.ª**) abarca 6 teclas blancas y 6 notas diferentes.

En el pentagrama, el **intervalo de 6.ª** va:

de una LÍNEA a un ESPACIO   o   **de un ESPACIO a una LÍNEA**

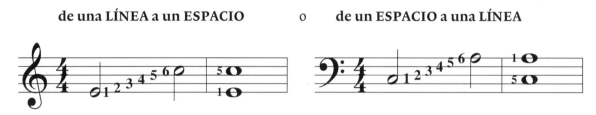

Escribe el nombre de nota correcto en cada uno de los teclados abajo.

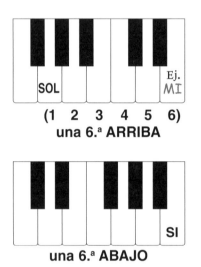

SOL   Ej. MI

(1 2 3 4 5 6)

una 6.ª ARRIBA

DO

una 6.ª ARRIBA

SI

una 6.ª ABAJO

RE

una 6.ª ABAJO

Luego encuentra cada una de las **6.ªs** en el piano.
Tócalas *quebradas* y luego *en bloque*. Usa la M.I. y luego la M.D.

Sexto sentido

Estable

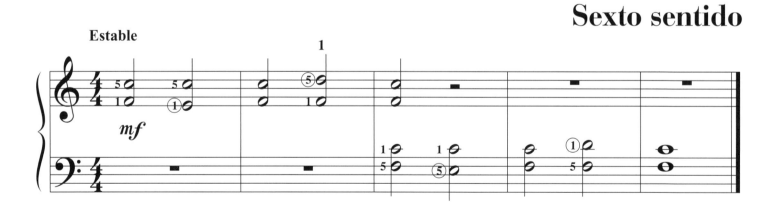

mf

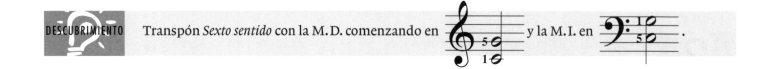

DESCUBRIMIENTO Transpón *Sexto sentido* con la M.D. comenzando en 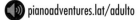 y la M.I. en .

The Lion Sleeps Tonight

■ ¿Cuál **escala de 5 dedos** se usa en esta pieza? _____

Letra nueva y música revisada:
George David Weiss, Hugo Peretti, Luigi
Creatore y Solomon Linda
adaptación

Acompañamiento (el alumno toca *1 octava más alto,* **sin pedal):**

 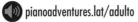

Primera y segunda casilla [1.   ] [2.   ]

Toca la primera casilla y repite desde el comienzo
(o, como en este caso, desde el signo de repetición).
Luego toca la segunda casilla, saltándote la primera.

De colores

Vivo

Tradicional de México
adaptación

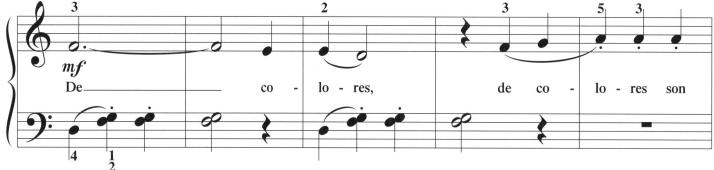

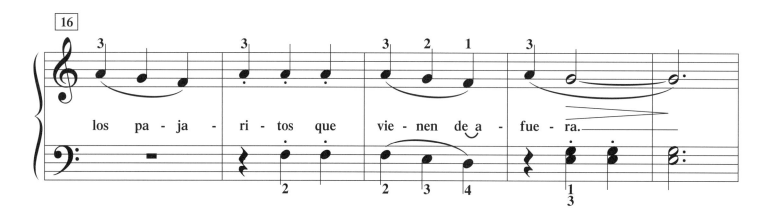

21

mf
De _____ co - lo - res, de co - lo - res es

26

el ar - co - í - ris que ve - mos lu - cir. Y por

f

31

e - so los gran - des a - mo - res de mu - chos co -

35

1.

cruce

lo - res me gus - tan a mí. Y por

39

2.

gus - tan a mí. _____

f

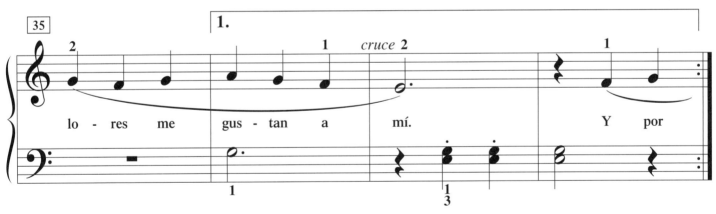

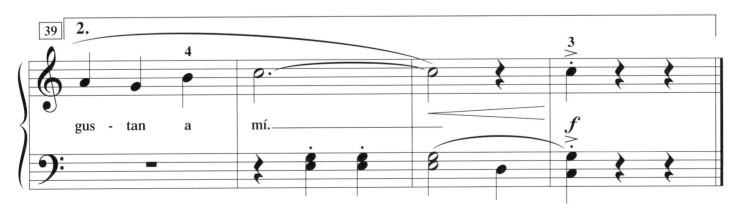

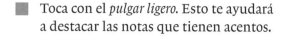
Técnica en 3 minutos

■ Toca con el *pulgar ligero*. Esto te ayudará a destacar las notas que tienen acentos.

Estudio de intervalos

■ Toca la M.D. *legato*, sin pausas en el sonido.

■ Levanta ligeramente la M.I. en cada silencio de negra para preparar el siguiente intervalo.

Estudio de intervalos
manos juntas

 **DESCUBRIMIENTO** Transpón todos estos ejercicios a las **escalas de RE mayor** y **LA mayor de 5 dedos**.

pianoadventures.lat/adulto

IEFF1302ES

1. Dibuja una redonda una **4.ª** hacia **arriba** o hacia **abajo** de cada nota (ver la página 116).
Escribe los nombres de las notas.

2. Dibuja una redonda una **5.ª** hacia **arriba** o hacia **abajo** de cada nota (ver la página 116).
Escribe los nombres de las notas.

3. Identifica cada intervalo como una **5.ª** o una **6.ª**. Luego tócalos en el piano. Toca *mf*.

4. Toca a primera vista las siguientes melodías. Toca lento y pon atención a las **4.ªˢ**, **5.ªˢ** y **6.ªˢ**.

ENTRENAMIENTO AUDITIVO

Tu profesor (o un amigo) tocará el ejemplo **a** o **b**.
Encierra en un círculo el ejemplo correcto.

Escala de DO mayor

La escala de DO mayor es la escala de DO de 5 dedos con dos notas más: LA y SI
(también la repetición de DO, la tónica). En una escala mayor se usan las 7 notas musicales.

Una escala mayor está formada de **tonos** *excepto* por los dos **semitonos** entre los grados **3-4** y **7-8**.

Dos ejercicios

DESCUBRIMIENTO Toca la escala de DO mayor usando solamente el dedo 3 de la M. D. Detente en la *sensible*. ¿Escuchas cómo la *sensible* quiere resolver subiendo a la *tónica* (DO)? Completa la escala tocando la *tónica*.

- Practica l-e-n-t-a-m-e-n-t-e. *Escucha* y trata de lograr un sonido uniforme.

- Memoriza la digitación de la escala.

Escala de DO mayor

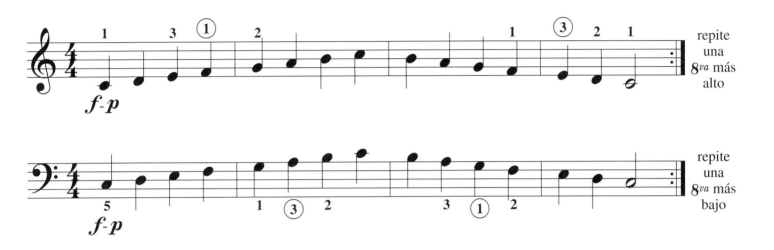

Practica con metrónomo — Marca un ✓ en el espacio cuando seas capaz de tocar la escala de DO mayor completa con **manos separadas**, *subiendo* y *bajando*, en los siguientes tempos:

legato	♩ = 88 ___	*legato*	♩ = 112 ___	*legato*	♩ = 144 ___
staccato	♩ = 88 ___	*staccato*	♩ = 112 ___	*staccato*	♩ = 144 ___

Repaso: movimiento paralelo y movimiento contrario

Movimiento paralelo: las notas se mueven en la *misma* dirección (ver la página 68).

Movimiento contrario: las notas se mueven en direcciones *opuestas* (ver abajo).

Observa que las dos manos usan siempre los **mismos** dedos.

Escala de DO mayor
en movimiento contrario

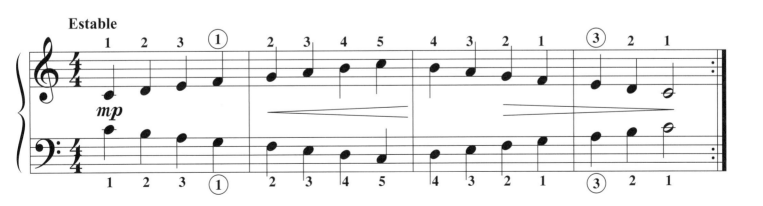

Música en la tonalidad de DO mayor

Las piezas en la **tonalidad de DO mayor** usan en su
melodía y armonía las notas de la **escala de DO mayor**
y terminan casi siempre con un DO en clave de FA.

Vive la France!

Canción del folclor francés

Acompañamiento (el alumno toca *2 octavas más alto*):

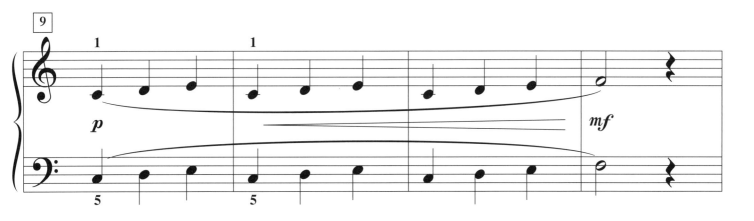

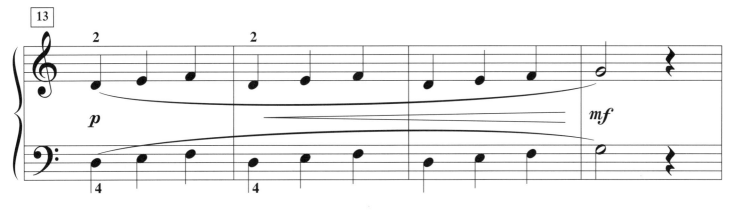

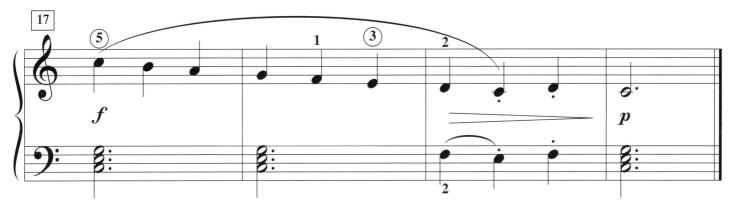

 DESCUBRIMIENTO Señala dos lugares donde las manos tocan en **movimiento paralelo.**

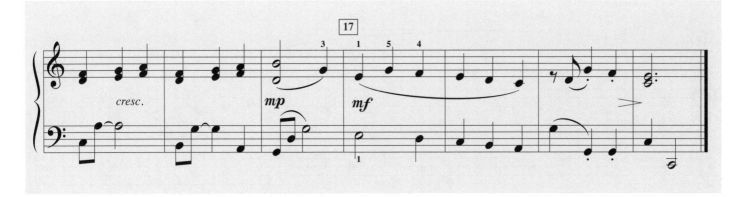

Repaso: melodía y armonía (ver la página 54)

La M.D. toca una *melodía* que usa las notas de la escala de DO mayor.

La M.I. toca la *armonía* (notas o acordes que apoyan a la melodía).
Las notas de la armonía se deben tocar *más suave* que la melodía.

Asegúrate de tocar los intervalos de la M.I. de manera ligera.
Observa los **matices** de cada mano.

El vals de la escala
Tonalidad de DO mayor

pianoadventures.lat/adulto

IEFF1302ES

1. Escribe la **digitación para la M.D.** de la escala de DO mayor.

Escribe **T** (tónica), **D** (dominante) o **S** (sensible) debajo de las notas correctas.

Marca los *semitonos* entre los grados 3-4 y 7-8 con un ∨ por debajo de las notas.

digitación:

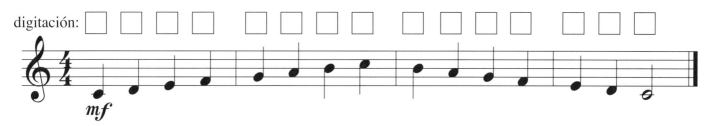

2. Haz lo mismo en esta escala de DO mayor para la **M.I.**

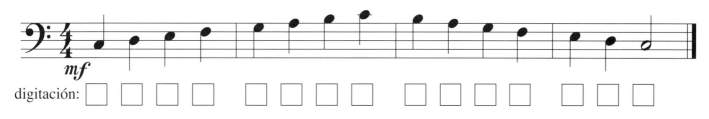

digitación:

Improvisación con sextas (6.ᵃˢ)

▪ Tu profesor (o un amigo) tocará el acompañamiento. *Escucha* y siente el pulso.

▪ Cuando estés listo, improvisa una pieza corta usando **6.ᵃˢ en bloque** en el registro central. Usa solo teclas blancas. Toca principalmente redondas. Comienza y termina con esta **6.ᵃ:** | DO MI |

Acompañamiento:

Moderado   *repite varias veces* | Final |

 ENTRENAMIENTO AUDITIVO Cierra los ojos y *escucha*. Tu profesor (o un amigo) tocará un ejemplo musical corto que terminará en *tónica* o *dominante*. Encierra la respuesta correcta. Nota: todos los ejemplos comienzan con la *tónica*.

a. tónica

dominante

b. tónica

dominante

c. tónica

dominante

d. tónica

dominante

Para uso exclusivo del profesor (los ejemplos se pueden tocar en cualquier orden):

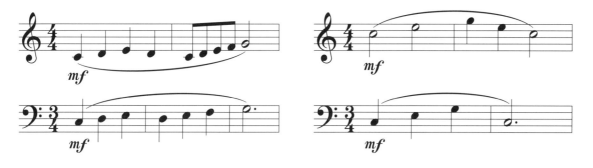

Acorde de SOL con séptima (G7)

Acorde de SOL con séptima

El acorde de SOL con séptima tiene cuatro notas que suben por **3.ᵃˢ** desde **SOL**.
Cuando el SOL (la fundamental) es la nota *más baja,* el acorde está en POSICIÓN FUNDAMENTAL.

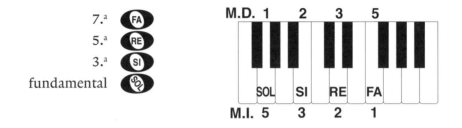

Acorde de SOL con séptima en inversión

El orden de las notas del acorde de **SOL con séptima** (**G7**) se puede invertir (reorganizar) para formar
un **acorde con séptima de 3 notas.**

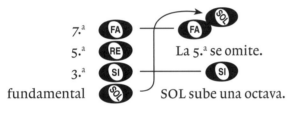

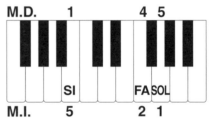

SOL con séptima (G7) = V7 en la tonalidad de DO mayor

En DO mayor SOL es el *grado 5 de la escala* (la dominante: V). Por eso en la tonalidad de DO mayor
el acorde de **SOL con séptima** (**G7**) se llama **V7** ("quinto siete" o "acorde de **dominante con séptima**").

Acorde de G7 (V7) en inversión para la M.I.

- ■ Toca la 5.ᵃ DO - SOL.

- ■ Baja el dedo 5 a SI para formar una 6.ᵃ.

- ■ Añade el **dedo 2** (grado 4 de la escala).

Acorde de G7 (V7) en inversión para la M.D.

- ■ Toca la 5.ᵃ DO - SOL.

- ■ Baja el pulgar a SI para formar una 6.ᵃ.

- ■ Añade el **dedo 4** (grado 4 de la escala).

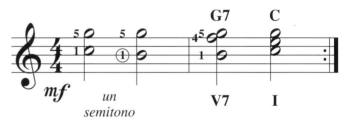

 DESCUBRIMIENTO Con la M.D., toca l-e-n-t-a-m-e-n-t-e una **escala de DO mayor de 5 dedos**, subiendo y bajando.
Armoniza cada una de las notas tocando acordes de DO (**C/I**) o SOL con séptima (**G7/V7**) con la M.I.

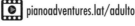

El cifrado (C, G7, etc.) aparece *arriba,* y los números romanos (I, V7, etc.) *debajo* del sistema para piano.

Trompeta voluntaria

Jeremiah Clarke
(1673-1707, Inglaterra)
adaptación

Marcha solemne

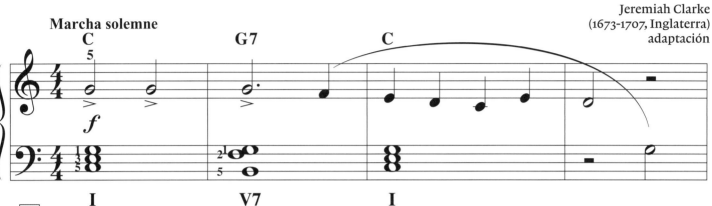

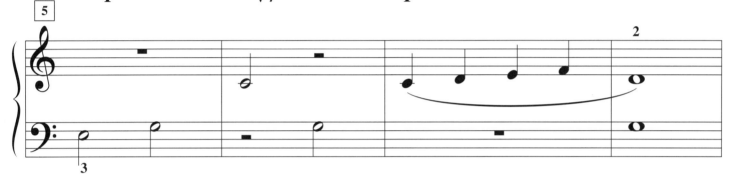

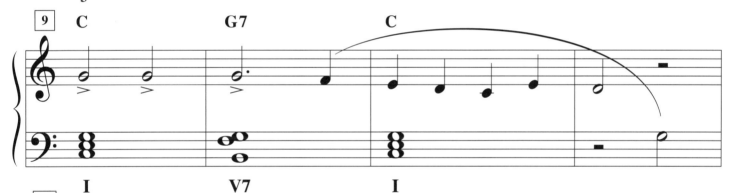

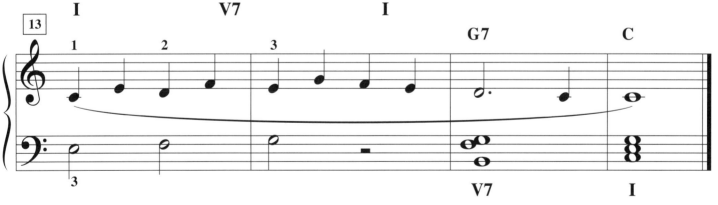

Acompañamiento (el alumno toca *1 octava más alto*)**:**

Sustitución de dedos

Tenemos una sustitución de dedos cuando cambiamos de dedo en una *nota repetida* para cambiar de posición en el teclado.

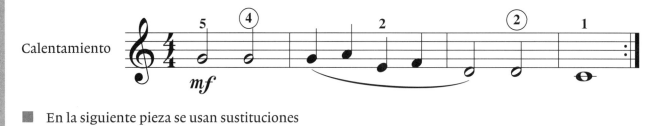

- En la siguiente pieza se usan sustituciones de dedos en los *compases 3, 5, 11 y 13*.

Cancán

Jacques Offenbach
(1819-1880, Francia)
adaptación

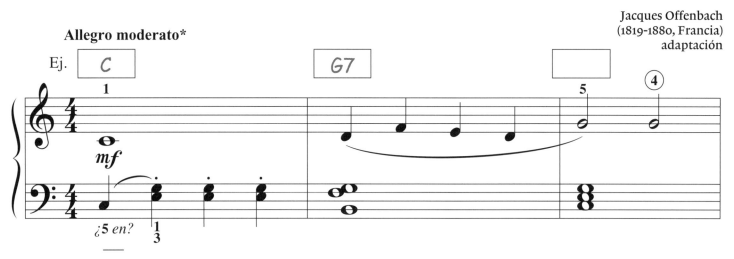

* (moderadamente rápido)

Acompañamiento (el alumno toca *1 octava más alto*):

pianoadventures.lat/adulto

IEFF1302ES

El cancán es una alegre danza francesa caracterizada por las patadas altas que lanzan las bailarinas.

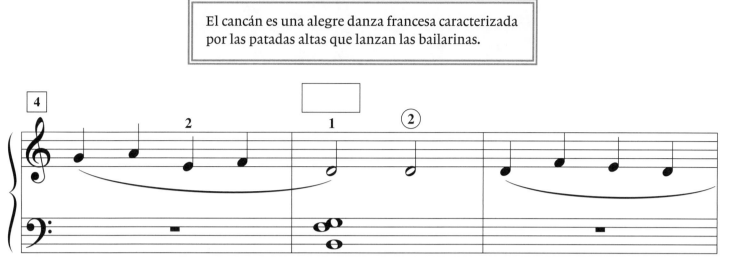

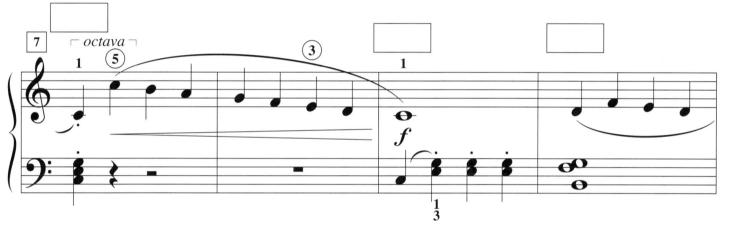

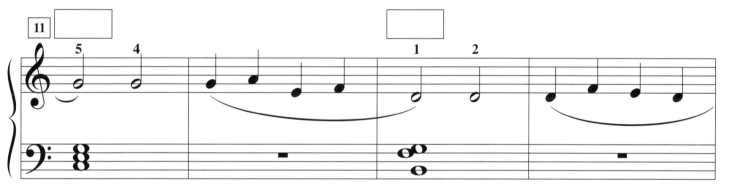

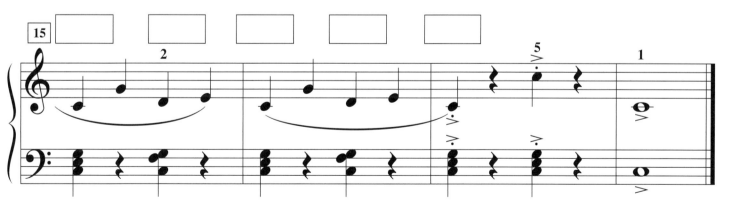

 Escribe el cifrado (**C**, **Csus4** o **G7**) en los recuadros.

Patrón de acordes de vals

Toca cada ejemplo cuatro veces diariamente, como un ejercicio de calentamiento.

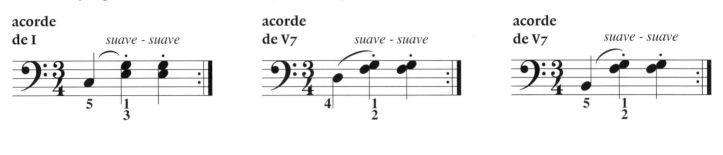

Los patinadores*

Emile Waldteufel
(1837-1915, Francia)
adaptación

Deslizándose suavemente

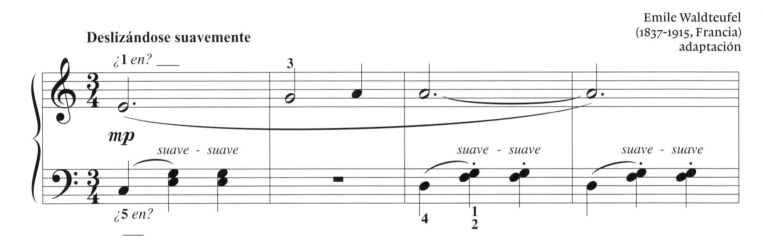

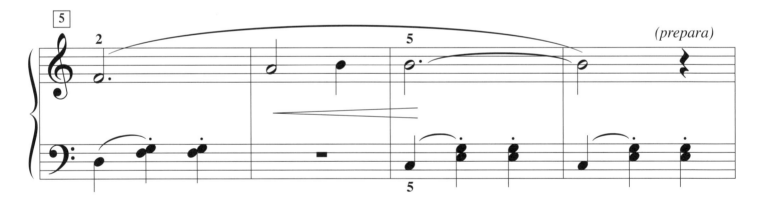

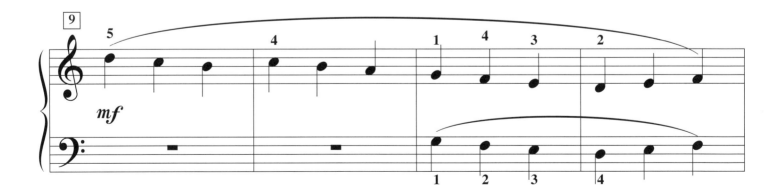

*título original en francés: *Les Patineurs*

pianoadventures.lat/adulto

IEFF1302ES

al repetir, toca la M.D. una octava más alto

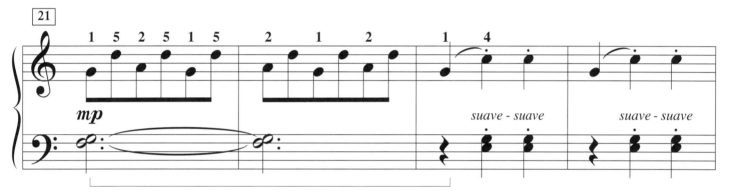

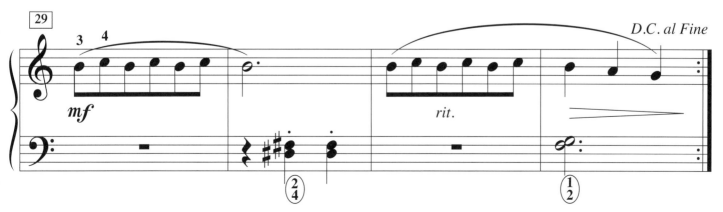

Ejercicios con acordes

Acordes en bloque

¿Puedes tocar los ejercicios **1a** y **1b** con las manos juntas?

Acordes quebrados y en bloque

¿Puedes tocar los ejercicios **2a** y **2b** con las manos juntas?

Acordes quebrados

¿Puedes tocar los ejercicios **3a** y **3b** con las manos juntas?

1. Escribe **C, Csus4** o **G7** debajo de cada acorde *en bloque* o *quebrado*.

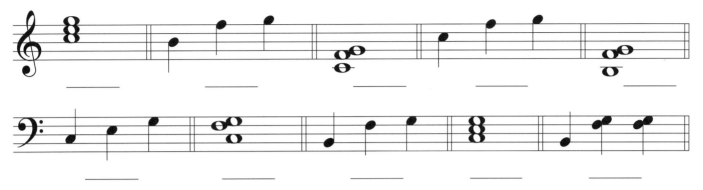

2. Escribe "**1 + 2 + 3 + 4 +**" debajo de cada compás. Luego toca el ejercicio, contando en voz alta.

3. Toca lentamente con las manos juntas, leyendo solamente el **cifrado de acordes**.

▪ Primero toca acordes *en bloque* (pista: cuenta 3 tiempos en cada compás).
▪ Repite tocando acordes *quebrados*.

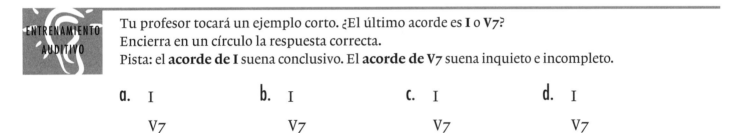

Tu profesor tocará un ejemplo corto. ¿El último acorde es **I** o **V7**?
Encierra en un círculo la respuesta correcta.
Pista: el **acorde de I** suena conclusivo. El **acorde de V7** suena inquieto e incompleto.

a. I
V7

b. I
V7

c. I
V7

d. I
V7

Nota par el profesor: los ejemplos se pueden tocar en cualquier orden.

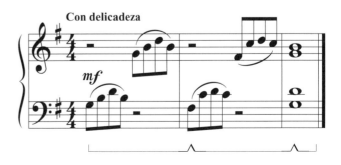

Acordes básicos en DO mayor

Los acordes básicos: I-IV-V

Los acordes de **I**, **IV** y **V** se llaman *acordes básicos* y se construyen a partir de los grados **1**, **4** y **5** de la escala mayor.

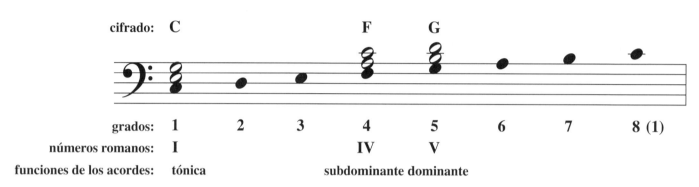

Estos acordes de DO(C), FA(F) y SOL(G) están en **posición fundamental**.
Recuerda: esto significa que la nota que le da el nombre al acorde es la nota más baja.

Practica y memoriza este estudio que usa los **acordes de DO**, **FA** y **SOL mayor** en posición fundamental.

Estudio de acordes básicos

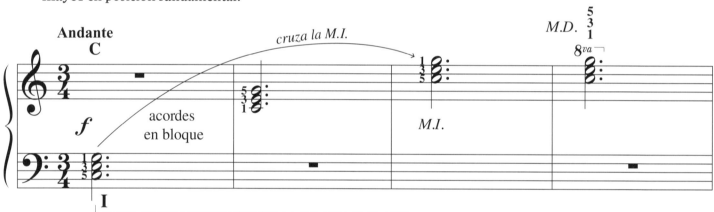

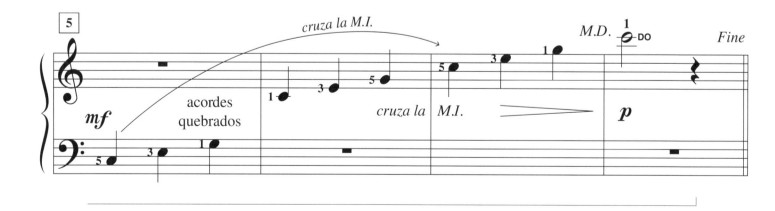

pianoadventures.lat/adulto

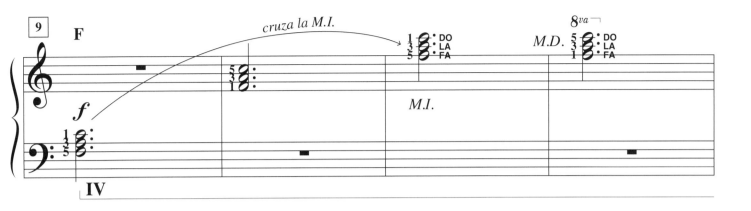

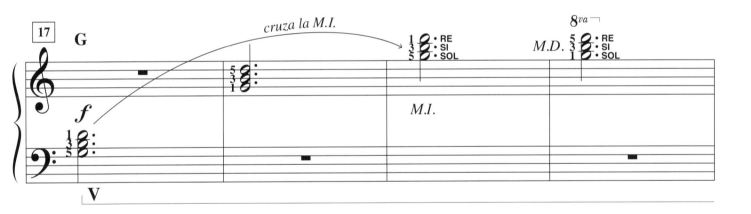

 DESCUBRIMIENTO — Transpón el *Estudio de acordes básicos* usando los acordes de **RE**, **SOL** y **LA mayor** en posición fundamental.

Acorde de IV en inversión

Para evitar el salto entre los **acordes de I** y **IV**, el orden de
las notas del acorde de IV se puede invertir (reorganizar).

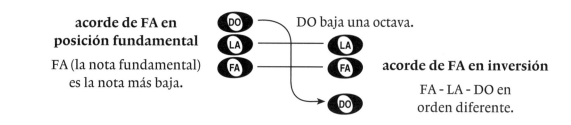

**acorde de FA en
posición fundamental**

FA (la nota fundamental)
es la nota más baja.

DO baja una octava.

acorde de FA en inversión

FA - LA - DO en
orden diferente.

Acorde de IV en inversión para la M.I.

- Toca la 5.ª DO - SOL. Sube el pulgar un *tono* (a LA).
- Toca FA (grado 4 de la escala) con el dedo 2.

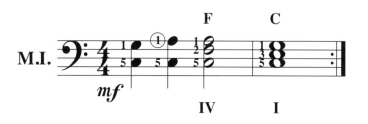

Acorde de IV en inversión para la M.D.

- Toca la 5.ª DO - SOL. Sube el dedo 5 un *tono* (a LA).
- Sube el dedo 3 un *semitono* a FA.

¡Fíjate en la digitación de la M.D.!

Ejercicio con el
acorde de IV en DO mayor

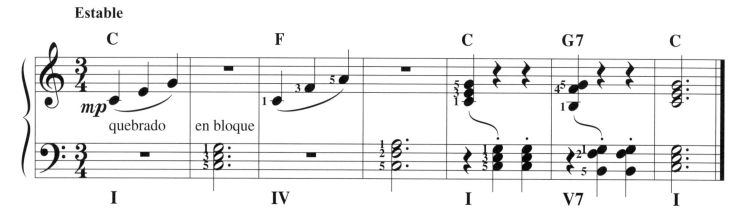

 Con la M.D., toca lentamente una **escala de DO de 5 dedos,** subiendo y bajando.
Armoniza cada nota con acordes de **C/I, F/IV** o **G7/V7** (F y G7 *en inversión*).

IEFF1302ES

■ Toca solamente la melodía de la M.D., sin los acordes.

■ Luego toca con las manos juntas, lentamente.

Primavera

(de *Las cuatro estaciones*, 1.er movimiento)

Antonio Vivaldi
(1678-1741)
adaptación

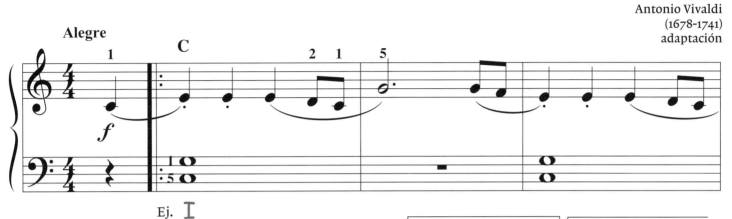

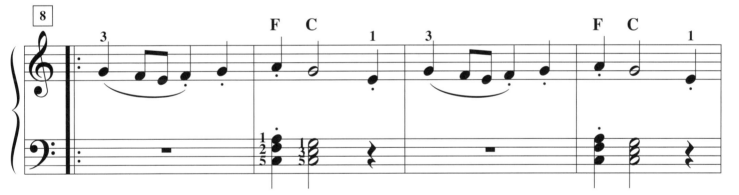

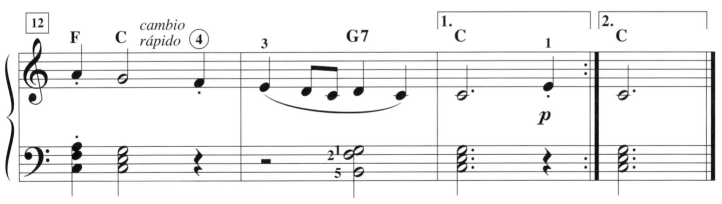

DESCUBRIMIENTO Escribe **I, IV,** o **V7** debajo de cada acorde.

Consejo técnico

■ Toca los tiempos 2 y 3 de la M.I. suavemente, desde la superficie de las teclas.

Tema del
Concierto para trompeta
Tonalidad de DO mayor

Franz Joseph Haydn
(1732-1809, Austria)
adaptación

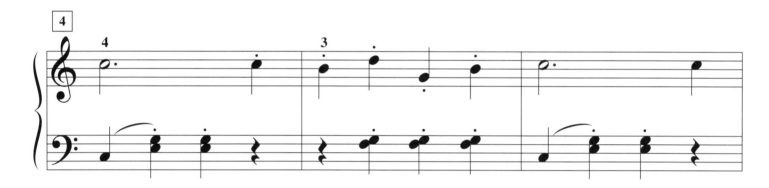

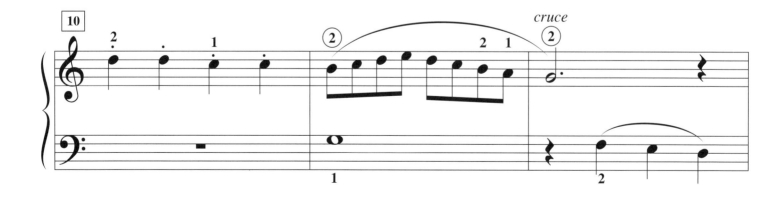

pianoadventures.lat/adulto

IEFF1302ES

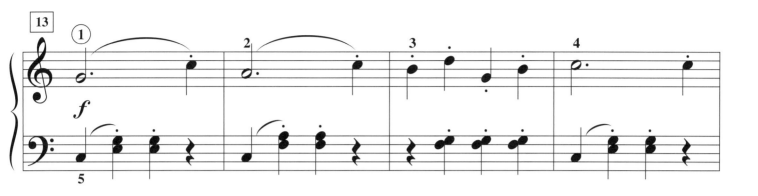

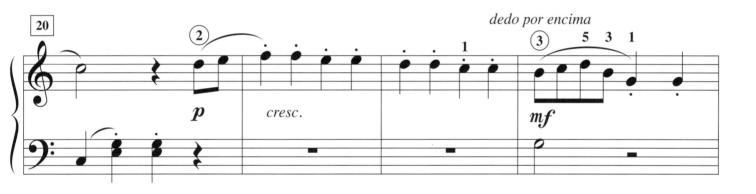

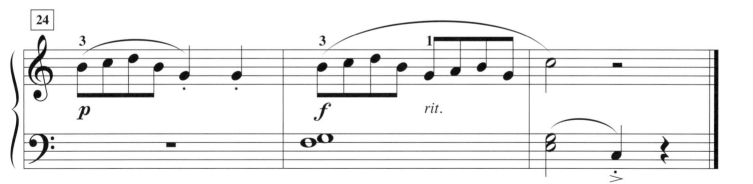

DESCUBRIMIENTO En cada acorde, escribe **C**, **F** o **G7** *arriba*, y **I**, **IV** o **V7** *debajo* del sistema.

Alteraciones accidentales ♯ ♭ ♮

Recuerda, en la tonalidad de DO mayor no hay sostenidos ni bemoles.

Los sostenidos, bemoles y becuadros que aparecen en una pieza se llaman **alteraciones accidentales**. Las notas alteradas, que no pertenecen a la escala, le dan "color" o "sabor" a la pieza.

Por ejemplo, el **RE♯** de la anacrusa de esta pieza es una alteración.

■ Apréndete la M.D. antes de tocar con las manos juntas.

■ Identifica los acordes y escribe **I**, **IV** o **V7** en los recuadros (las notas de la M.D. te ayudarán). Algunos acordes pueden estar incompletos o quebrados (ver el *compás 4*).

The Entertainer

Scott Joplin
(1869-1917, EE.UU.)
adaptación

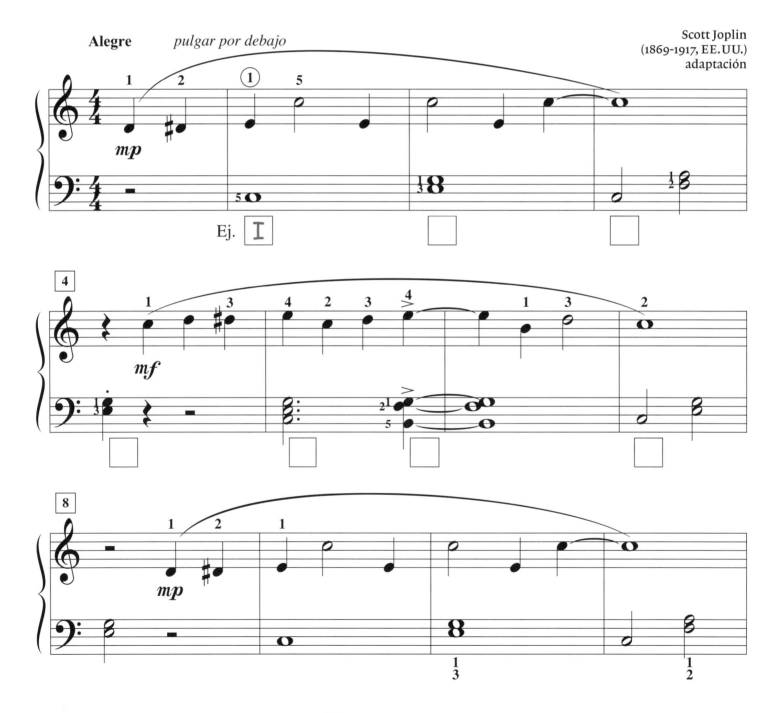

pianoadventures.lat/adulto
IEFF1302ES

pulgar por debajo

Lead sheet

Un *lead sheet* es un tipo de partitura en la que se escriben únicamente las notas de la melodía en un pentagrama, con el **cifrado de acordes** por encima para armonizar.

Este tipo de partitura es muy utlizado en la música popular.

Toca la *melodía* y la *armonía* de la siguiente pieza siguiendo las instrucciones.

Guía de acordes en DO mayor

Practica los acordes que se usan en esta pieza.

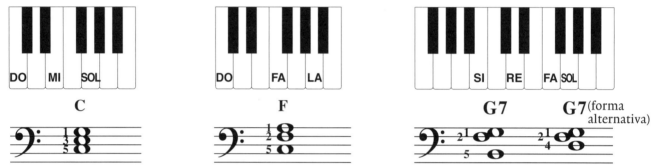

■ Toca la melodía usando el pedal como se indica.

■ Luego añade la M.I. usando **acordes en bloque** en el *primer tiempo* de cada compás. Si no aparece ningún acorde, repite el acorde del compás anterior.

Cielito lindo

Tradicional de México

Acompañamiento (el alumno toca *1 octava más alto***):**

IEFF1302ES

Consejo técnico

■ Eleva la muñeca suavemente para llevar la M.D. con
elegancia hacia el siguiente acorde. Los silencios de
negra te darán el tiempo necesario para *prepararte*.

Estudio de acordes

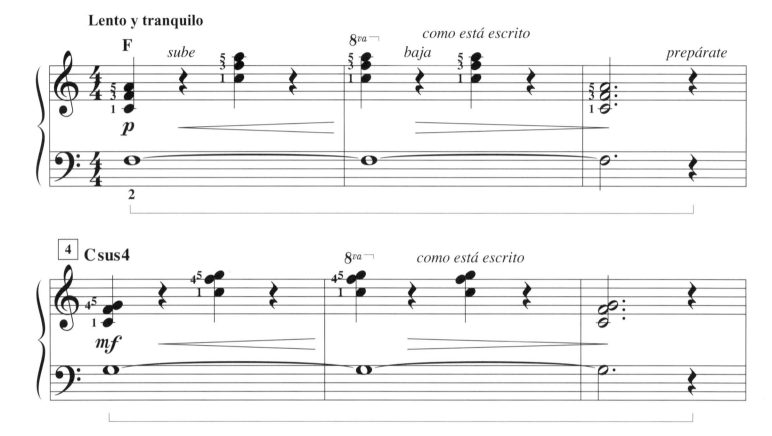

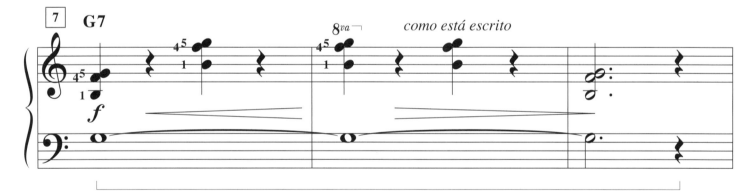

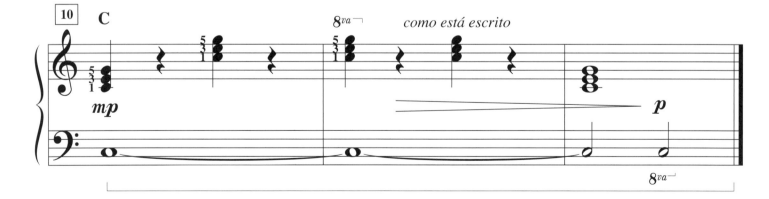

pianoadventures.lat/adulto

IEFF1302ES

Acordes básicos en DO mayor

■ Conecta los cifrados o números romanos de la izquierda con los acordes que les corresponden.

■ Luego escribe el cifrado en los recuadros.

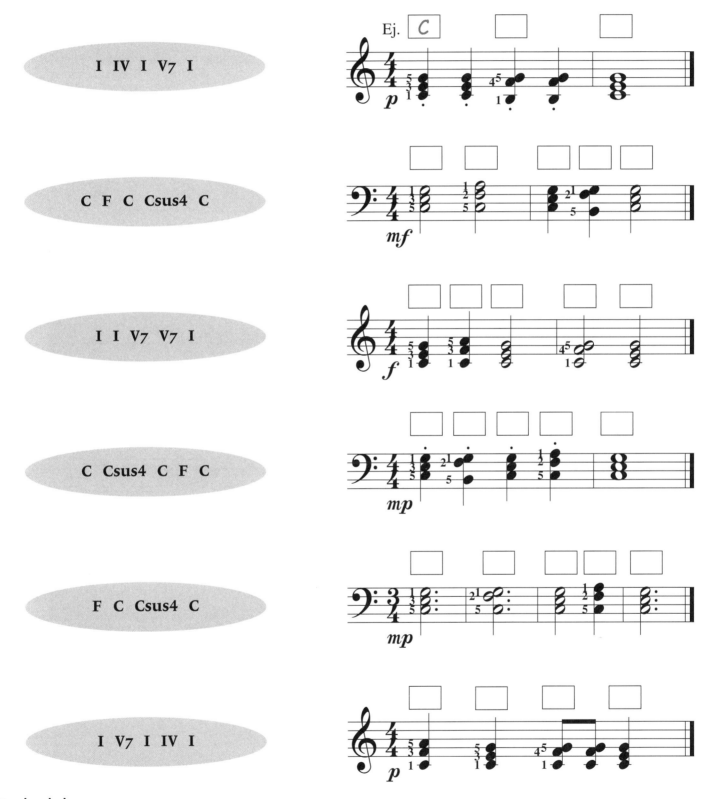

En el teclado

■ Con la M.I., toca todas las series de acordes leyendo los cifrados (o números romanos) del lado izquierdo.

■ Luego, *toca a primera vista* los acordes del lado derecho usando siempre la mano correcta.

Escala de SOL mayor

Escala de SOL mayor

La escala de SOL mayor es la escala de SOL de 5 dedos con dos notas más: MI y FA♯ (también la repetición de SOL, la tónica).

Recuerda, la escala mayor está formada por **tonos**, *excepto* por los **semitonos** entre los grados **3-4** y **7-8**.

Dos ejercicios

Toca la escala de SOL mayor usando solamente el dedo 3 de la M.D. Detente en la *sensible*. ¿Escuchas cómo la *sensible* quiere resolver subiendo a la *tónica* (SOL)? Completa la escala tocando la *tónica*.

IEFF1302ES

- Practica l-e-n-t-a-m-e-n-t-e. *Escucha* y trata de lograr un sonido uniforme y *legato*.

- Memoriza la digitación de la escala de SOL mayor.

Escala de SOL mayor

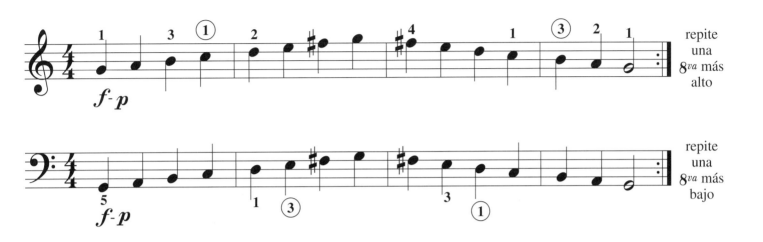

Practica con metrónomo

Marca un ✓ en el espacio cuando seas capaz de tocar la escala de SOL mayor completa con **manos separadas,** *subiendo* y *bajando*, en los siguientes tempos:

legato ♩ = 88 ___	*legato* ♩ = 112 ___	*legato* ♩ = 144 ___
staccato ♩ = 88 ___	*staccato* ♩ = 112 ___	*staccato* ♩ = 144 ___

Escala de SOL mayor
en movimiento contrario

- Fíjate que las dos manos usan la **misma** digitación.

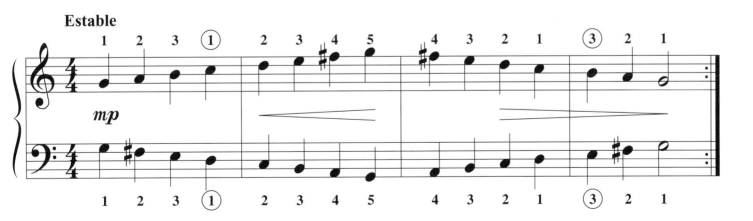

Armadura de SOL mayor

En la escala de SOL mayor el FA es *sostenido*. Por lo tanto, en las piezas escritas en la **tonalidad de SOL mayor**, se usa el FA♯ durante toda la pieza. Recuerda, en SOL mayor el FA♯ es la *sensible*.

En vez de escribir un sostenido antes de cada FA, se pone un sostenido en la **línea de la nota FA** al comienzo de *cada pentagrama* de la pieza. Esto se llama **armadura**.

armadura de SOL mayor

Estos sostenidos significan que todos los FA se deben tocar como **FA♯**.

■ Primero encierra en círculos todos los *FA sostenidos*.

■ Practica **solo la M.D.** Cuando la puedas tocar con facilidad, añade la M.I.

Minuet en SOL

Christian Pezold
del *Pequeño libro de
Anna Magdalena Bach*
adaptación

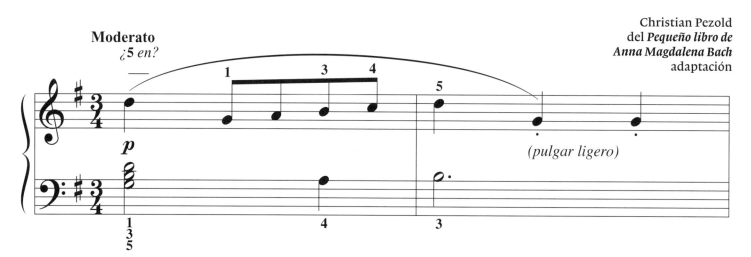

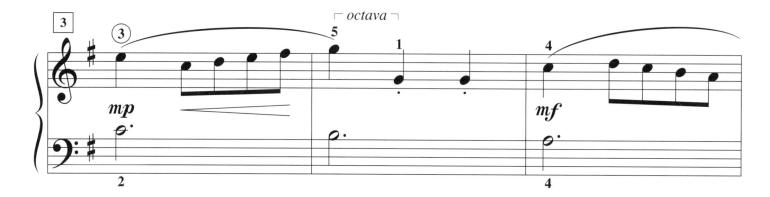

pianoadventures.lat/adulto

IEFF1302ES

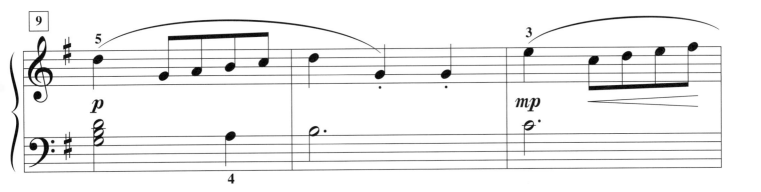

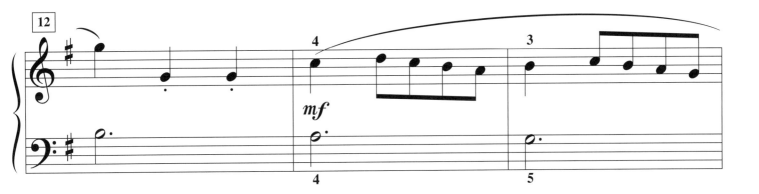

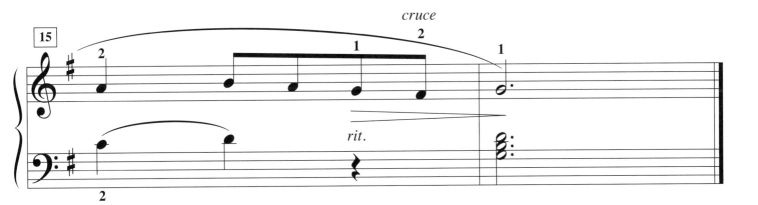

 DESCUBRIMIENTO Encuentra por lo menos dos lugares donde la *sensible* resuelve a la *tónica*.

- Esta pieza comienza con la escala de SOL mayor dividida entre las dos manos.

- Toca con un pulso firme y decidido.

Campanadas en SOL mayor

Tradicional

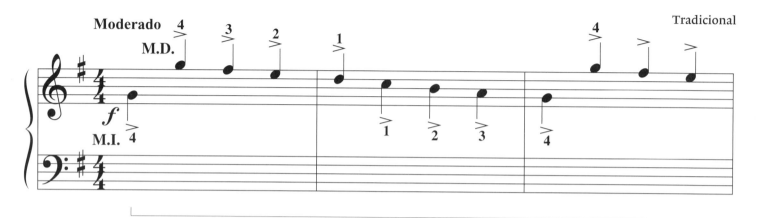

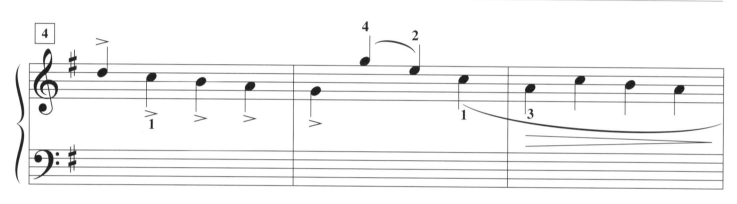

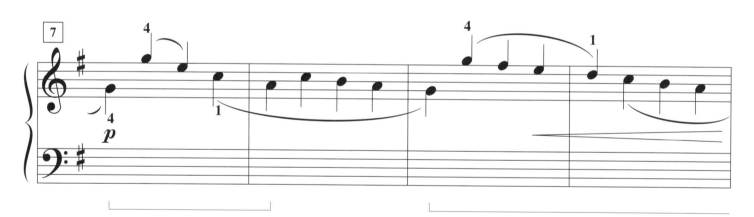

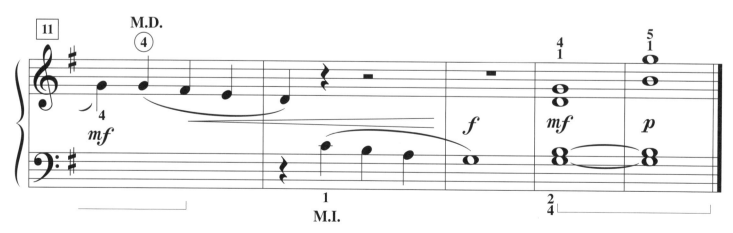

pianoadventures.lat/adulto

IEFF1302ES

1. Escribe la **digitación para la M. D.** de la escala de SOL mayor.
Escribe **T** (tónica), **D** (dominante) o **S** (sensible) debajo de las notas correctas.
Marca los *semitonos* con un ∨ debajo de las notas.

digitación:

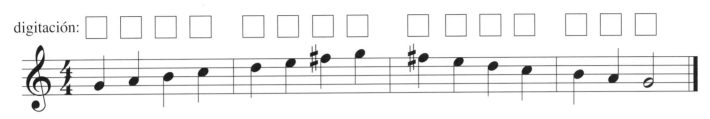

2. Ahora haz lo mismo con esta escala de SOL mayor para la **M. I.**

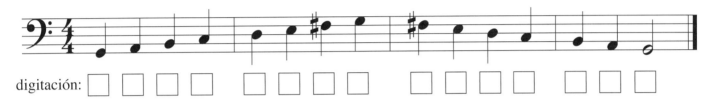

digitación:

3. Encierra en círculos todos los **FA sostenidos** (recuerda, la armadura indica que *todos* los FA son **sostenidos**). Luego toca los dos ejemplos *a primera vista*.

Con delicadeza

Marcha firme

ENTRENAMIENTO AUDITIVO

Cierra los ojos y escucha. Tu profesor (o un amigo) tocará un ejemplo corto que terminará con la *tónica*, la *dominante* o la *sensible*. Encierra en un círculo la respuesta correcta. Todos los ejemplos comienzan con la **tónica**.

a. tónica

dominante

sensible

b. tónica

dominante

sensible

c. tónica

dominante

sensible

d. tónica

dominante

sensible

Nota para el profesor: los ejemplos se pueden tocar en cualquier orden.

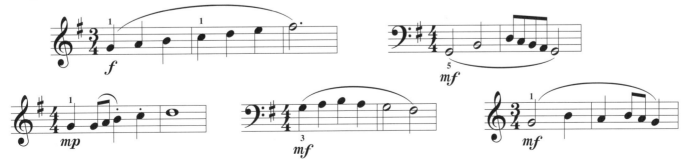

Acordes básicos en SOL mayor

Acorde de RE con séptima (D7)

El acorde de RE con séptima tiene cuatro notas que suben por **3.ᵃˢ** desde **RE**.
Cuando el RE (la fundamental) es la nota *más baja*, el acorde está en POSICIÓN FUNDAMENTAL.

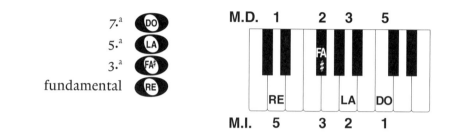

Acorde de RE con séptima en inversión

El orden de las notas del acorde de **RE con séptima** se puede invertir (reorganizar) para formar
un **acorde con séptima de 3 notas**.

RE con séptima (D7) = V7 en la tonalidad de SOL mayor

En SOL mayor RE es el *grado 5 de la escala* (la dominante: V). Por eso en la tonalidad de SOL mayor el acorde
de **RE con séptima (D7)** se llama **V7** ("quinto siete" o "acorde de **dominante con séptima**").

Acorde de D7 (V7) en inversión para la M.I.

■ Toca la 5.ᵃ SOL - RE.

■ Baja el dedo 5 a FA# para formar una 6.ᵃ.

■ Añade el **dedo 2** (grado 4 de la escala).

Acorde de D7 (V7) en inversión para la M.D.

■ Toca la 5.ᵃ SOL - RE.

■ Baja el pulgar a FA# para formar una 6.ᵃ.

■ Añade el **dedo 4** (grado 4 de la escala).

Nota para el profesor: el alumno debe desplazar la mano hacia adelante para tocar la tecla negra (FA♯) con más facilidad

- Para empezar, toca solo la M.D., lentamente.
- Sigue las indicaciones de *staccato* y *legato*.

Marcha de la guardia inglesa
Tonalidad de ____ mayor

Jeremiah Clarke
(1674-1707)
adaptación

Marcha a tempo moderado

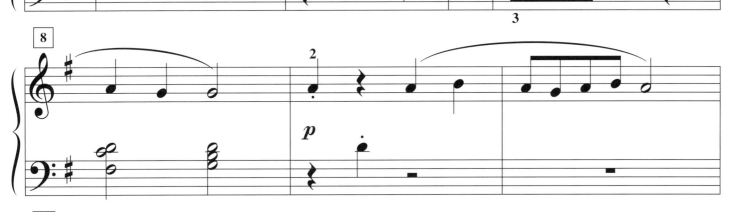

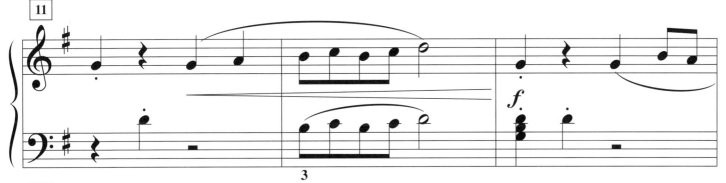

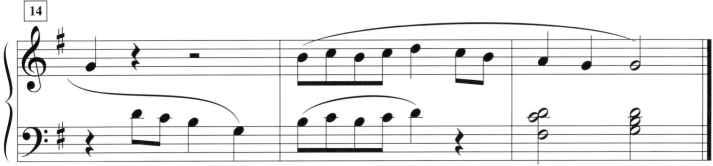

pianissimo — _pp_
Significa muy suave, más
suave que _piano_.

Vals de la risa
Tonalidad de SOL mayor

Johann Strauss Jr.
(1825-1899)
adaptación

pianoadventures.lat/adulto

IEFF1302ES

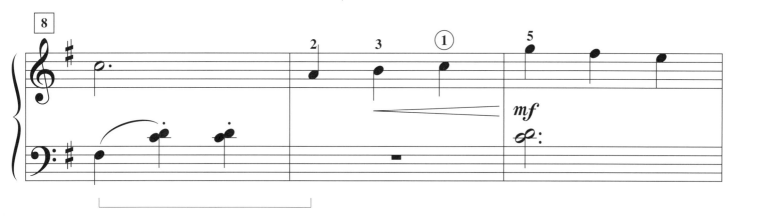

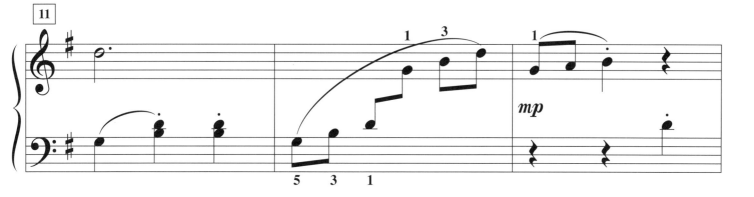

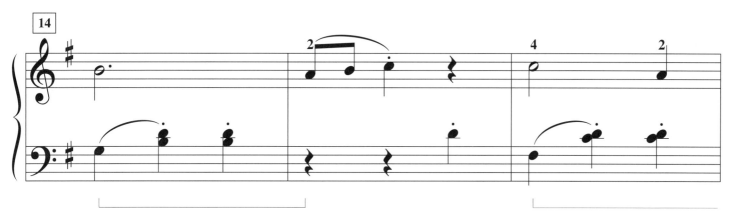

cruce la M.I.

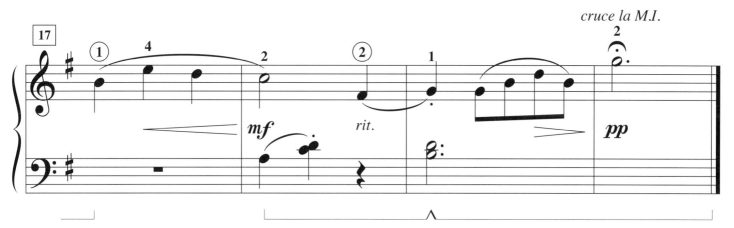

 DESCUBRIMIENTO   Identifica cada acorde del *Vals de la risa* como **I** o **V7**.

Acorde de IV en inversión

Recuerda: los acordes básicos se construyen desde los grados **1**, **4** y **5** de la escala mayor.

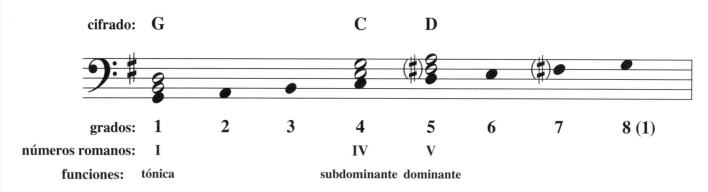

cifrado:	G			C	D			
grados:	1	2	3	4	5	6	7	8 (1)
números romanos:	I			IV	V			
funciones:	tónica			subdominante	dominante			

Para evitar el salto entre los acordes de **I** y **IV**, el orden de las notas del acorde de IV se puede invertir (reorganizar).

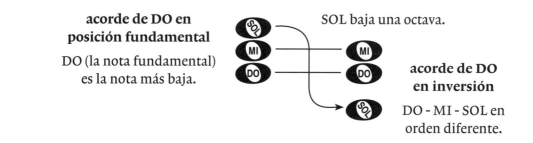

acorde de DO en posición fundamental

DO (la nota fundamental) es la nota más baja.

SOL baja una octava.

acorde de DO en inversión

DO - MI - SOL en orden diferente.

Acorde de IV en inversión para la M.I.

- Toca la 5.ª SOL-RE.

- Sube el pulgar un *tono* (a MI).

- Toca DO (grado 4 de la escala) con el dedo 2.

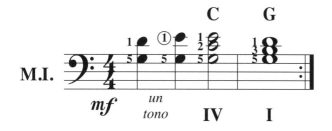

Acorde de IV en inversión para la M. D.

- Toca la 5.ª SOL-RE.

- Sube el dedo 5 un *tono* (a MI).

- Sube el dedo 3 un *semitono* a DO.

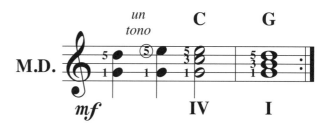

IEFF1302ES

Ejercicio con el acorde de IV en SOL mayor

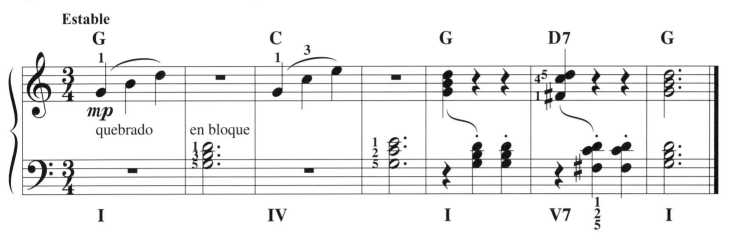

Danza francesa
Tonalidad de ____ mayor

■ Escribe **I**, **IV** o **V7** debajo de cada acorde.

Melodía del siglo XVII
Anónimo

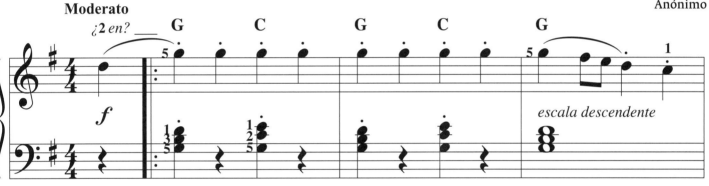

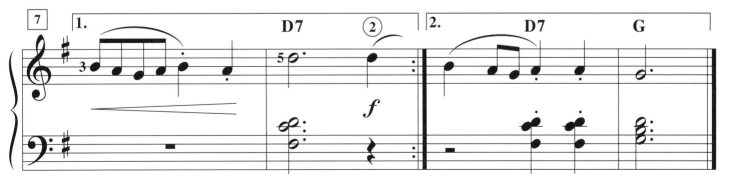

Pista: practica los siguientes lugares
problemáticos con las manos juntas:

- El cruce con el dedo 3 (*compases 4-5*).
- La sustitución de dedo en la M.D. (*compás 9*).

Danza polovtsiana
Tonalidad de _____ mayor

Alexander Borodin
(1833-1887, Rusia)
adaptación

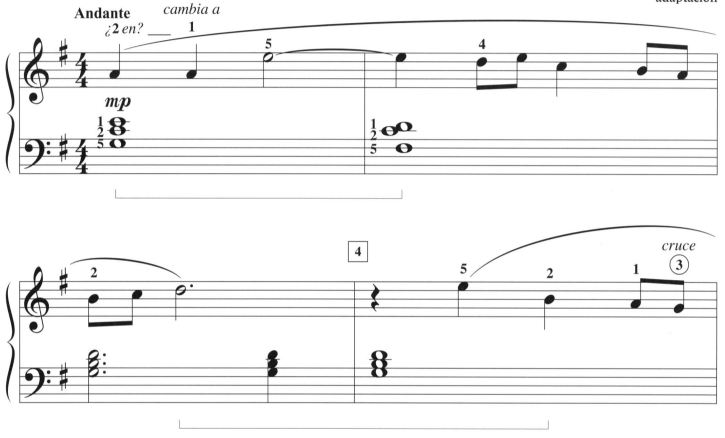

Acompañamiento (el alumno toca *1 octava más alto,* **sin pedal):**

pianoadventures.lat/adulto

IEFF1302ES

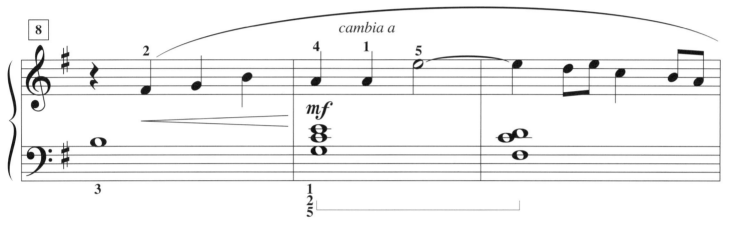

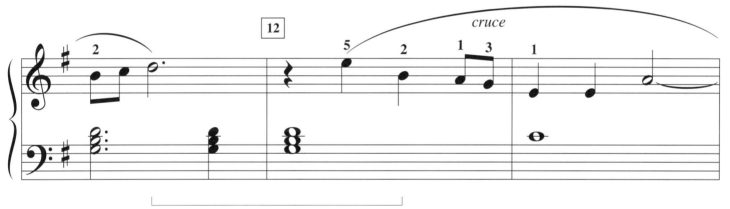

 DESCUBRIMIENTO Encuentra los siguientes elementos en esta pieza: ligadura de fraseo, ligadura de prolongación, acorde de I, acorde de IV, acorde de V7, *cresc.*, *dim.*, octava.

Lead sheet en SOL mayor

Ya conoces los *acordes básicos* (I-IV-V7) en la tonalidad de SOL mayor. Sigue las instrucciones de abajo para tocar tanto la *melodía* como la *armonía* de este *lead sheet* en **SOL mayor**.

Guía de acordes: practica los acordes de *Porque él es un buen amigo.*

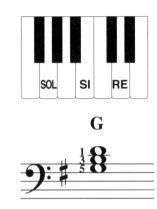
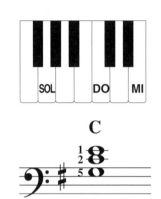
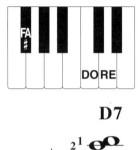

G   **C**   **D7**

■ Primero toca solamente la melodía.

■ Luego añade **acordes en bloque** con la M.I. en el *1.er tiempo de cada compás*, como se indica.

Porque él es un buen amigo

Tradicional

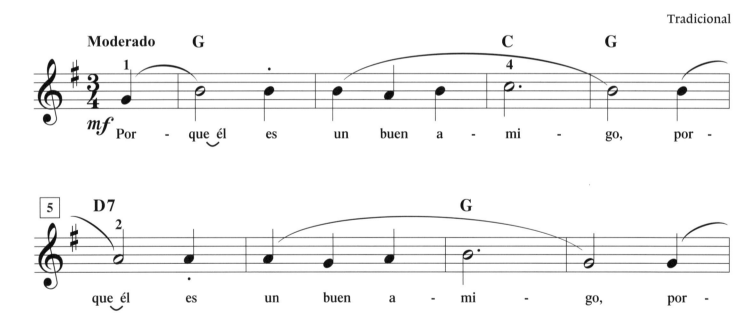

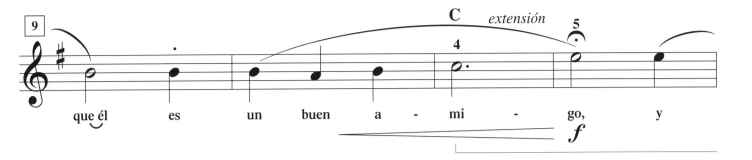

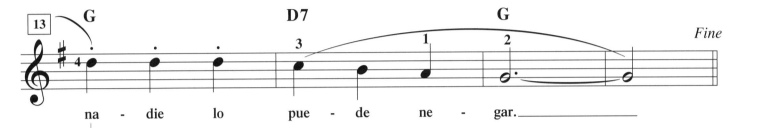

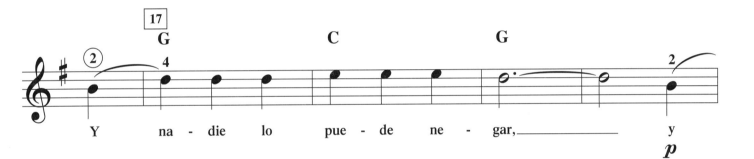

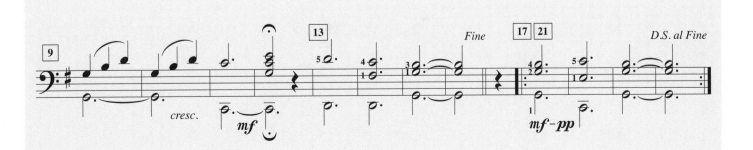

Banuwa

Tradicional de Liberia

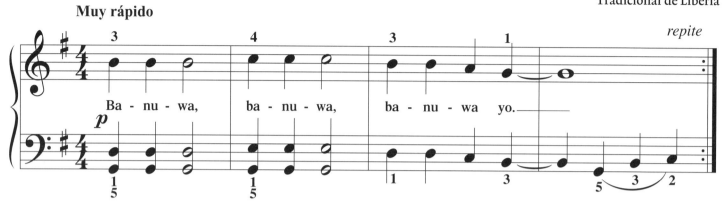

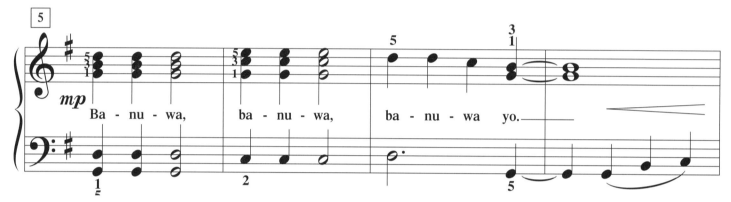

pianoadventures.lat/adulto

IEFF1302ES

 DESCUBRIMIENTO ¿Cuáles de los tres acordes básicos (**I**, **IV** y **V7**) se usan en *Banuwa*?

En este estudio debemos conectar las notas
de la M.I. y la M.D. de manera suave y fluida.

Observa que la M.D. siempre comienza con el pulgar. Toca con el
pulgar ligero para lograr un sonido que fluye entre las dos manos.

■ Para lograr el efecto de la cajita de música,
toca con ambas manos una 8va más alto.

Estudio: La cajita de música

Suave y fluido

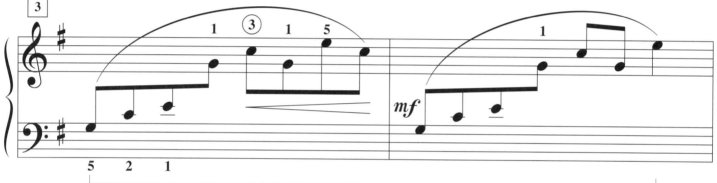

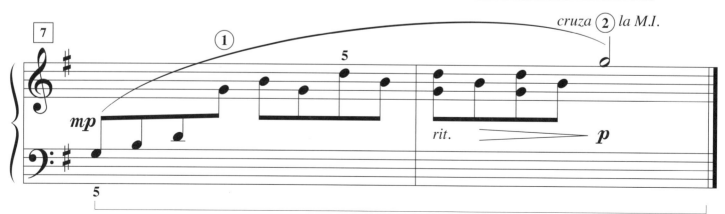

pianoadventures.lat/adulto

IEFF1302ES

Progresiones armónicas en DO mayor y SOL mayor

1. Escribe **el cifrado** y los **números romanos** para completar cada ejemplo.

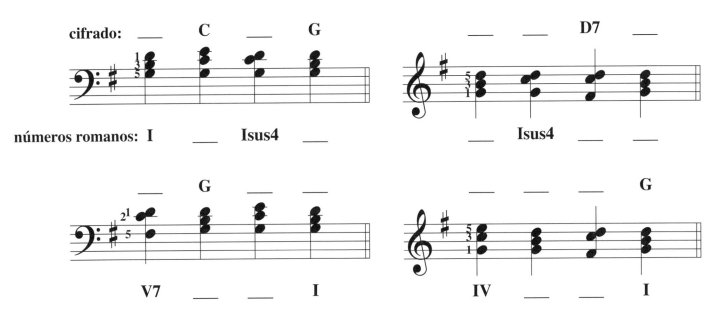

2. Ahora toca los acordes. ¿Puedes tocar con las manos juntas?

ENTRENAMIENTO AUDITIVO Tu profesor (o un amigo) tocará una de las progresiones de arriba.
Escucha e intenta identificar cuál tocó.

Improvisación en SOL mayor

■ Tu profesor (o un amigo) tocará el siguiente acompañamiento. *Escucha* con atención y siente el pulso.

■ Cuando estés listo, improvisa una melodía con las notas de la escala de SOL mayor
en cualquier orden. Usa 2.ᵃˢ y 3.ᵃˢ. Comienza y termina con la nota **SOL** (la tónica).

Pieza de repaso

¿Cuáles de los tres acordes básicos (**I, IV** y **V7**) se usan en esta pieza?

El carnaval de Venecia

Tradicional de Italia

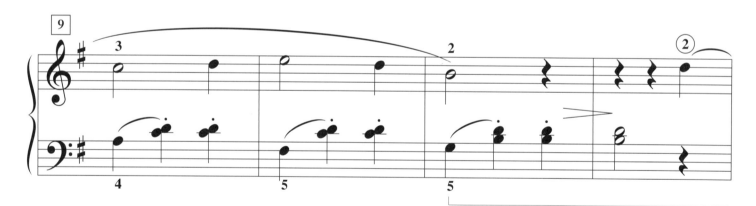

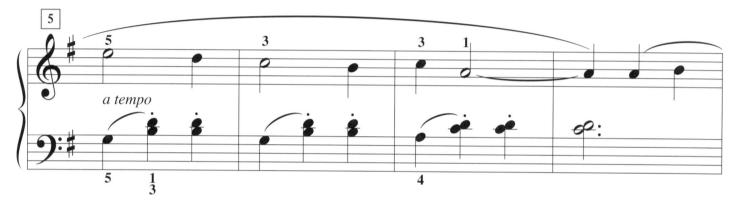

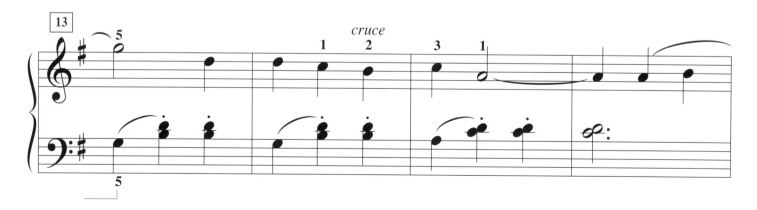

pianoadventures.lat/adulto

IEFF1302ES

El origen del Carnaval de Venecia se remonta al año 1162, hace más de 800 años. El corazón de las festividades y celebraciones era, y sigue siendo hoy en día, la Plaza de San Marcos. La costumbre de usar máscaras durante el carnaval ha mantenido su popularidad durante siglos. Además de aportar diversión y elegancia a la fiesta, las máscaras también permitían la mezcla de personas de diferentes clases sociales. Esta melodía tradicional italiana tiene el espíritu despreocupado y festivo característico del Carnaval de Venecia.

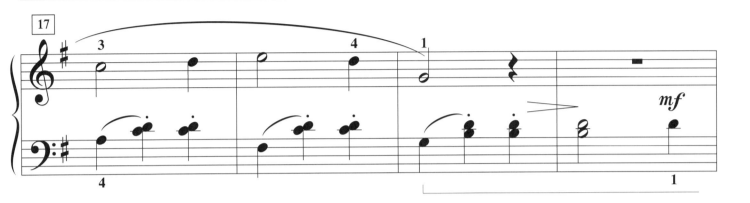

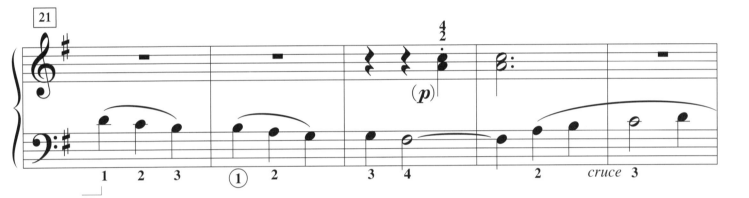

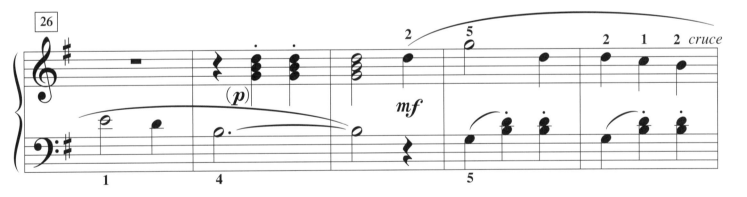

¡Felicidades! Tu viaje musical continuará con el Libro 2 de *Adultos Piano Adventures*®.

Escalas mayores de 5 dedos

Hay **12 escalas mayores de 5 dedos.**
Te puede ser muy útil memorizarlas.

T = tono **S** = semitono

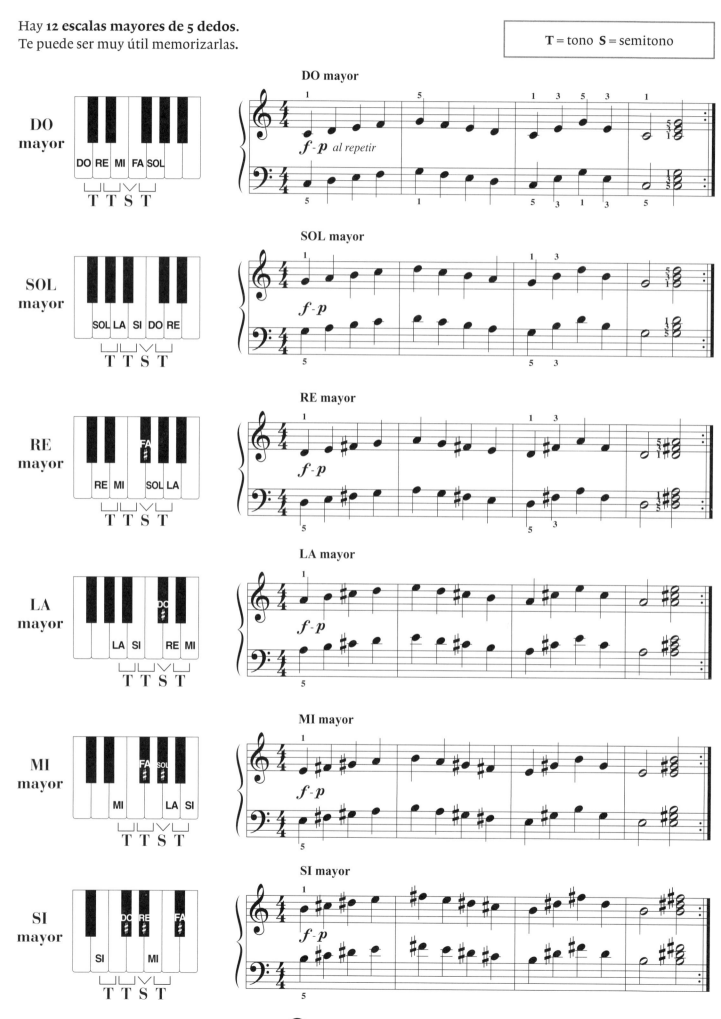

pianoadventures.lat/adulto

IEFF1302ES

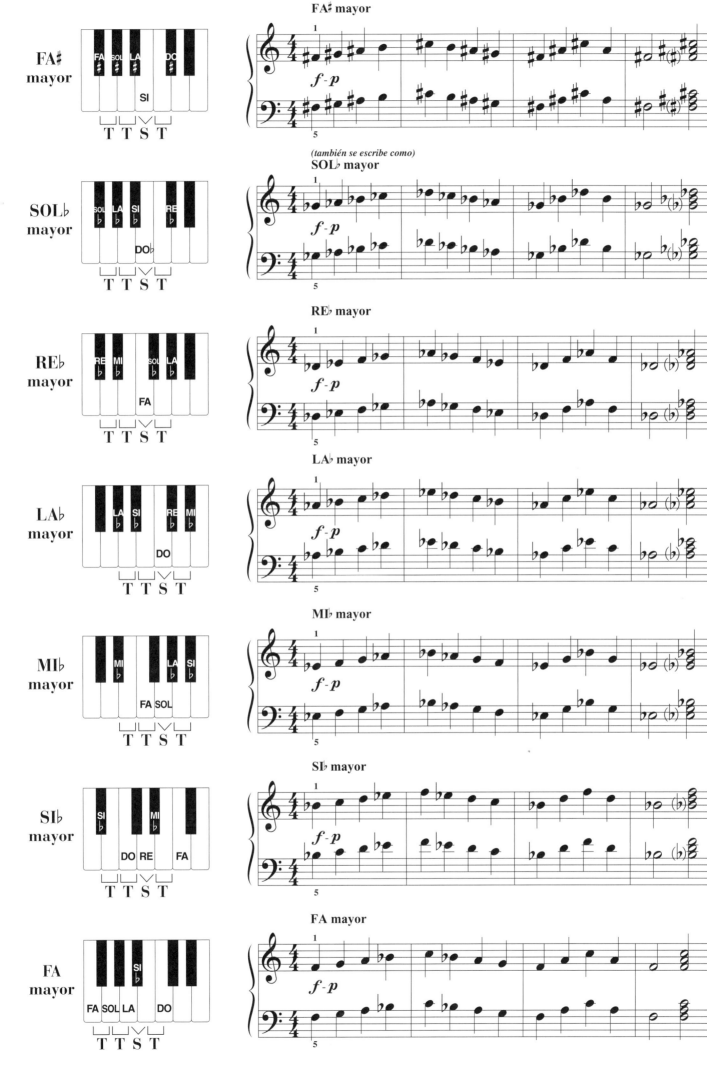

Arpegios mayores con cruce de manos

Hay **12 arpegios mayores con cruce de manos**. Te puede ser muy útil memorizarlos.

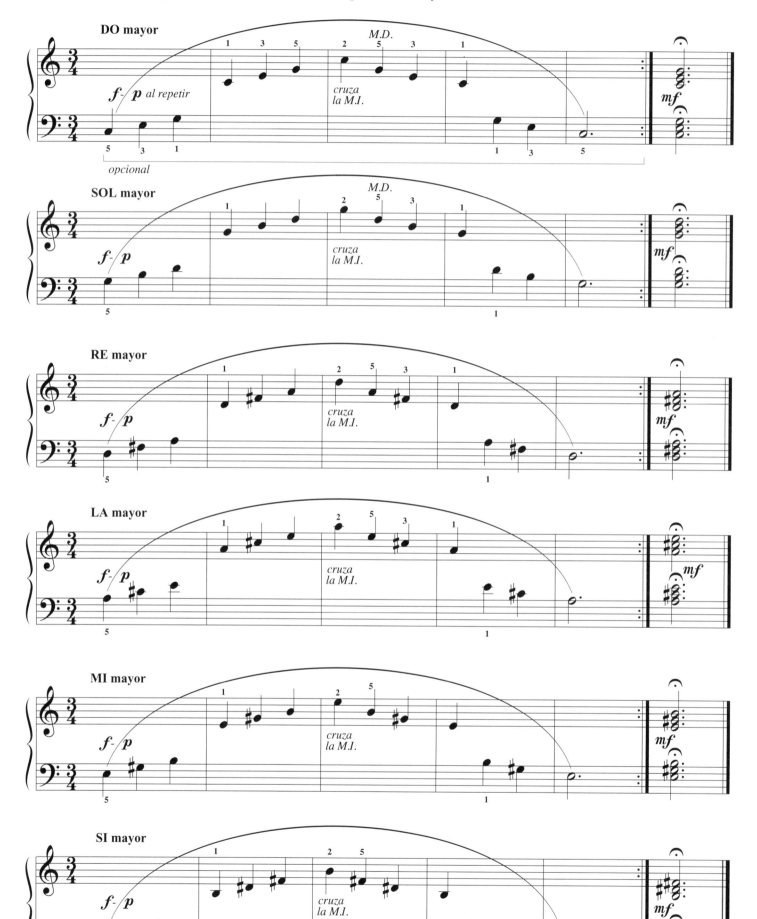

IEFF1302ES

SOL♭ mayor

cruza la M.I.

RE♭ mayor

cruza la M.I.

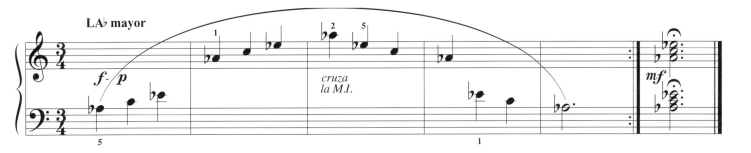

LA♭ mayor

cruza la M.I.

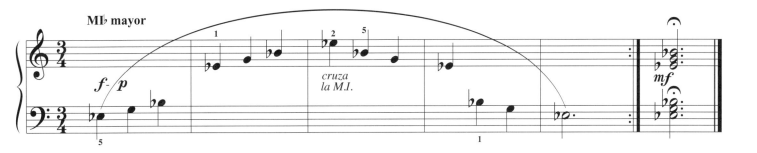

MI♭ mayor

cruza la M.I.

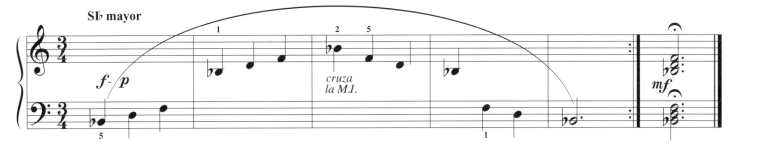

SI♭ mayor

cruza la M.I.

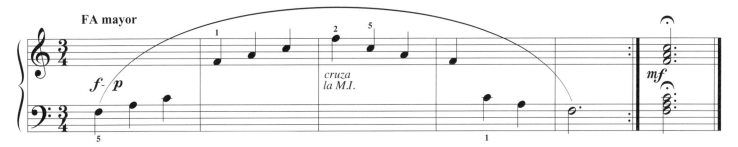

FA mayor

cruza la M.I.

Glosario

pp	*p*	*mp*	*mf*	*f*
pianissimo	piano	mezzo piano	mezzo forte	forte
muy suave	suave	moderadamente suave	moderadamente fuerte	fuerte

crescendo (cresc.) — cada vez más fuerte

diminuendo (dim.) o decrescendo (decresc.) — cada vez más suave

SÍMBOLO	TÉRMINO	DEFINICIÓN
1. 2.	**1.ª y 2.ª casilla**	Primero toca la 1.ª casilla y repite desde el comienzo (o desde el signo de repetición). Luego toca la 2.ª casilla saltándote la 1.ª (p. 124).
	acento	Enfatiza la nota tocándola más fuerte (p. 31).
	acorde	Tres o más notas tocadas simultáneamente (p. 56).
sus4	**acorde de 4.ª suspendida**	Acorde de tres notas que usa la 4.ª en lugar de la 3.ª (pp. 77 y 100).
	acorde de Csus4 (DO con 4.ª suspendida)	Las tres notas del acorde de DO con 4.ª suspendida son DO-FA-SOL. Este acorde usa la cuarta nota (FA) en vez de la tercera nota (MI) para crear una sensación de suspenso (p. 77).
	acorde de D7 (RE con septima)	Acorde de cuatro notas que suben por 3.ᵃˢ desde RE: RE-FA#-LA-DO. A menudo se toca en una inversión de solo 3 notas (p. 160).
	acorde de DO mayor	Acorde de tres notas que suben por 3.ᵃˢ desde DO: DO-MI-SOL (pp. 56, 76, 142 y 164).
	acorde de FA mayor	Acorde de tres notas que suben por 3.ᵃˢ desde FA: FA-LA-DO. FA es la fundamental, LA es la 3.ª y DO es la 5.ª (p. 86).
	acorde de G7 (SOL con séptima)	Acorde de cuatro notas que suben por 3.ᵃˢ desde SOL: SOL-SI-RE-FA. A menudo se toca en una inversión de solo 3 notas (p. 134).
	acorde de Gsus4 (SOL con 4.ª suspendida)	Las tres notas del acorde de SOL con 4.ª suspendida son SOL-DO-RE (p. 100).
	acorde de I (primer grado)	Acorde de tres notas que suben por 3.ᵃˢ desde la tónica (pp. 142, 144 y 160).
	acorde de IV (cuarto grado)	Acorde de tres notas que suben por 3.ᵃˢ desde el cuarto grado de la escala (pp. 142, 144 y 164)
	acorde de SOL mayor	Acorde de tres notas que suben por 3.ᵃˢ desde SOL: SOL-SI-RE. SOL es la fundamental, SI es la 3.ª y RE es la 5.ª (pp. 100 y 168).
	acorde de V7 (dominante con séptima)	Acorde de cuatro notas que suben por 3.ᵃˢ desde la dominante (quinto grado de la escala). A menudo se toca con solo tres notas (pp. 134 y 160).
	acordes básicos	Los acordes de I, IV y V se llaman acordes básicos y se construyen desde los grados 1, 4 y 5 de cualquier escala mayor (pp. 142 y 164).
	Allegro	Tempo rápido y vivo (p. 98).
	alteraciones accidentales	Los sostenidos, bemoles y becuadros que aparecen durante la pieza y no son parte de la armadura (p. 148).

	anacrusa (o antecompás)	Las notas de un compás incompleto al inicio de una pieza (p. 74).
	Andante	"Caminando" (p. 98).
	armadura	Aparece al inicio de cada línea de la partitura y nos indica los sostenidos o bemoles que se usan durante toda la pieza (p. 156).
	armonía	Las notas o acordes que se tocan junto con la melodía para lograr un sonido más lleno y profundo (p. 57).
	arpegio	Las notas de un acorde tocadas una a la vez, ya sea subiendo o bajando (pp. 88 y 178).
	barras de compás	Líneas que dividen la música en compases (p. 21).
	barras de repetición	Toca dos veces la sección que está dentro de las barras de repetición (p. 13).
	becuadro	Cancela un sostenido o un bemol. Los becuadros son siempre teclas blancas (p. 110).
	bemol	Significa que hay que tocar la nota un semitono más bajo (p. 108).
	blanca	Nota musical que dura dos tiempos (p. 14).
	blanca con puntillo	Nota musical que dura tres tiempos (p. 14).
	calderón	La nota se debe sostener más tiempo de lo normal (p. 75).
	cancán	Alegre danza francesa del siglo XIX caracterizada por las patadas altas que lanzan las bailarinas (p. 136).
	cifrado de acordes	Letras escritas por encima del pentagrama que indican los acordes de la armonía (p. 77).
	clave de FA	Se dibuja en el pentagrama inferior y se usa para escribir las notas que están debajo del DO Central (pp. 29 y 46).
	clave de SOL	Se dibuja en el pentagrama superior y se usa para escribir las notas que están arriba del DO Central (pp. 29 y 42).
	coda	Sección final (p. 45).
	compás	La música se divide en grupos de tiempos o pulsos llamados compases. Normalmente cada compás tiene el mismo número de tiempos o pulsos (p. 21).
	corcheas	Dos corcheas equivalen a una negra (p. 70).
	crescendo	Toca cada vez más fuerte (p. 72).
	cuarta (4.ª)	Intervalo que abarca 4 notas (por ejemplo, DO subiendo a FA o LA bajando a MI), un salto más un paso (pp. 116-117).
D.C. al Fine	**Da Capo al Fine**	Vuelve al comienzo de la pieza y toca hasta el "Fine" (p. 55).
	decrescendo	Toca cada vez más suave (p. 72).
	diminuendo	Toca cada vez más suave (p. 72).
	doble barra	Dos líneas (una delgada y otra gruesa) que indican el final de la pieza (p. 12).

SÍMBOLO	TÉRMINO	DEFINICIÓN
	dominante	Quinto grado de la escala (pp. 128, 134, 142 y 160).
	en bloque	Las notas de un acorde o intervalo tocadas juntas (pp. 18 y 142).
	escala	Las notas de una escala suben o bajan por 2.ᵃˢ o "pasos" (pp. 22, 128 y 154).
	escala de 5 dedos	Ver "escala mayor de 5 dedos".
	escala de DO de 5 dedos	Cinco notas subiendo desde DO: DO-RE-MI-FA-SOL (pp. 22, 42, 62 y 90).
	escala de DO mayor	Escala de ocho notas (DO-RE-MI-FA-SOL-LA-SI-DO) con semitonos entre los grados 3-4 y 7-8 (pp. 128-129).
	escala de SOL de 5 dedos	Cinco notas subiendo desde SOL: SOL-LA-SI-DO-RE (pp. 25, 96 y 97).
	escala de SOL mayor	Escala de ocho notas (SOL-LA-SI-DO-RE-MI-FA#-SOL) con semitonos entre los grados 3-4 y 7-8 (pp. 154-155).
	escala mayor	Escala de 8 notas con semitonos entre los grados 3-4 y 7-8 (pp. 128 y 154).
	escala mayor de 5 dedos	Escala de 5 notas con el siguiente patrón de tonos (T) y semitonos (S): T T S T (pp. 114, 115, 176 y 177).
	estudio	Una pieza musical que desarrolla una habilidad técnica específica (pp. 152 y 172).
	forma musical	La estructura general de una pieza (pp. 24, 37, 44, 46 y 58).
f	*forte*	Fuerte (p. 10).
ff	*fortissimo*	Muy fuerte.
	frase	Idea o pensamiento musical. A menudo las frases se muestran con una ligadura, también llamada ligadura de fraseo (p. 72).
	gavota	Danza rápida en $\frac{4}{4}$ de origen francés. Normalmente inicia con anacrusa de dos tiempos (p. 77).
	imitación	Cuando una idea musical se toca con una mano e inmediatamente se repite con la otra (pp. 91 y 94).
	improvisación	Crear música en el momento (pp. 27, 49, 69, 89, 133 y 173).
	indicación de pedal	Indica cuando presionar y cuando levantar el pedal de resonancia (p. 33).
	intervalo	La distancia entre dos notas o teclas, por ejemplo, 2.ᵃ, 3.ᵃ, 4.ᵃ, 5.ᵃ (pp. 18, 22, 23, 34, 50, 57, 61, 116-117, 120 y 122).
posición fundamental — primera inversión — segunda inversión	**inversión**	Invertir el orden de las notas de un acorde. Por ejemplo, DO-MI-SOL se puede invertir a MI-SOL-DO o SOL-DO-MI (pp. 134, 144, 160 y 164).
	lead sheet	Tipo de partitura que muestra únicamente las notas de la melodía en un pentagrama, con el cifrado de acordes por encima para armonizar (pp. 150 y 168).
	lectura a primera vista	Tocar algo que no has visto antes sin detenerte para correcciones ni ajustes (p. 41).
	legato	Uniforme y conectado (p. 38).
	ligadura de prolongación	Línea curva que conecta dos notas que se encuentran en la misma línea o espacio. La nota se toca una vez, pero se sostiene por la duración combinada de las dos notas ligadas (p. 35).
	línea adicional	Línea corta que se usa para extender el pentagrama (pp. 29, 78 y 112).

IEFF1302ES

	marcha	Pieza en $\frac{2}{4}$ o $\frac{4}{4}$ con un pulso firme y rítmico (p. 161).
	matices	Los "suaves" y "fuertes" de la música. Las diferentes indicaciones de matices aparecen en el recuadro de la p. 180 (ver también pp. 10, 26, 71 y 162).
	melodía	La voz principal de una pieza que se debe resaltar (pp. 32 y 57).
	metrónomo	Dispositivo rítmico que proporciona un pulso estable. Se puede configurar para obtener tempos lentos o rápidos (pp. 14, 129 y 155).
mf	*mezzo forte*	Moderadamente fuerte (p. 26).
mp	*mezzo piano*	Moderadamente suave (p. 71).
	minuet	Danza en $\frac{3}{4}$ (pp. 71 y 156).
	Moderato	Tempo moderado (p. 98).
	movimiento contrario	Dos líneas musicales que se mueven en direcciones opuestas simultáneamente (pp. 68, 129 y 155).
	movimiento paralelo	Dos líneas musicales que se mueven en la misma dirección simultáneamente (p. 68 y 129).
	musette	Pieza vivaz que imita el sonido de una gaita (p. 98).
	negra	Nota musical que dura 1 tiempo (p. 14).
	nota repetida	Nota que se encuentra en la misma línea o espacio que la nota anterior (p. 19).
	octava	Intervalo que abarca todas las notas musicales, por ejemplo, de DO al siguiente DO (pp. 40, 64 y 96).
	patrón musical	Pequeño grupo de notas con su propio ritmo o figura melódica (p. 26).
	pedal de resonancia	El pedal derecho que sirve para sostener el sonido (pp. 6 y 11).
	pentagrama	Conjunto de 5 líneas y 4 espacios donde se escribe la música (p. 28).
pp	*pianissimo*	Muy suave (p. 162).
p	*piano*	Suave (p. 10).
	posición fundamental	Cuando la nota más grave del acorde es la nota fundamental (pp. 134, 142, 160 y 164).
	promenade	Marcha lenta y noble que da la bienvenida a los invitados en eventos importantes (p. 117).
	quebrado	Las notas de un acorde o intervalo tocadas por separado (pp. 18, 23, 116 y 142).
	quinta (5.ª)	Intervalo que abarca 5 notas (por ejemplo, DO subiendo a SOL o LA bajando a RE), un salto más otro salto (pp. 116 y 120).
o	**redonda**	Nota musical que dura 4 tiempos (p. 14).
rit.	*ritardando*	Disminución gradual de la velocidad (pp. 66 y 92).
	ritmo	La música tiene sonidos cortos y largos. Cuando contamos estas duraciones con un pulso estable tenemos ritmo (p. 14).
	secuencia	Patrón musical que se repite más arriba o más abajo (pp. 26 y 60).

SÍMBOLO	TÉRMINO	DEFINICIÓN
	segunda (2.ª o "paso")	Intervalo que abarca 2 notas (por ejemplo, DO subiendo a RE o FA bajando a MI). En el pentagrama, las segundas van de una línea al siguiente espacio o de un espacio a la siguiente línea (pp. 22 y 34).
	semitono	La distancia que hay entre una tecla y la tecla más cercana, por ejemplo, RE-MI♭ o MI-FA (pp. 104 y 114).
	sensible	Séptimo grado de la escala mayor (pp. 128 y 154).
	sexta (6.ª)	Intervalo que abarca 6 notas, por ejemplo, MI subiendo a DO o LA bajando a DO (p. 122).
8va	**signo de 8va**	Toca una octava más alto (o más bajo) de lo que está escrito (p. 40).
$\frac{2}{4}$ $\frac{3}{4}$ $\frac{4}{4}$	**signo de compás**	Los dos números que aparecen, uno encima del otro, al inicio de una pieza. El número de arriba indica el número de tiempos (o pulsos) en cada compás. El de abajo representa la nota que recibe un tiempo de duración (pp. 30-31).
15ma	**signo de decimoquinta**	Toca dos octavas más arriba (o más abajo) de lo que está escrito (p. 40).
	silencio de blanca	Silencio que dura dos tiempos y se escribe sobre la línea 3 (p. 58).
	silencio de negra	Silencio que dura un tiempo (p. 52).
	silencio de redonda	Silencio que dura un compás completo y se escribe debajo de la línea 4 (p. 58).
	sinfonía	Composición larga para orquesta que normalmente tiene tres o cuatro movimientos (pp. 24, 54 y 64).
	sistema para piano	Dos pentagramas unidos por una llave y una línea (p. 28).
♯	**sostenido**	Significa que hay que tocar un semitono más alto (p. 104).
	staccato	Corto y nítido (p. 64).
	sustitución de dedos	Cambio de dedo en una nota repetida para cambiar de posición en el teclado (p. 136).
	tema	Melodía principal que muchas veces consta de varias frases (pp. 24, 54, 64 y 100).
	tempo	La velocidad de la música (pp. 48 y 100).
	tercera (3.ª o "salto")	Intervalo que abarca 3 notas, por ejemplo, DO subiendo a MI o FA bajando a RE. En el pentagrama, las terceras van de una línea a la siguiente línea o de un espacio al siguiente espacio (pp. 18, 23 y 50).
	tónica	Primer grado de la escala. Nota sobre la cual se construye la escala (pp. 128 y 154).
	tono	Distancia de dos semitonos (p. 112).
	transposición	Tocar en una tonalidad diferente (p. 20).
	tríada	Acorde de 3 notas que suben por 3.ª^s (p. 56).
	vals	Danza en $\frac{3}{4}$ (pp. 110, 132, 138 y 162).

IEFF1302ES